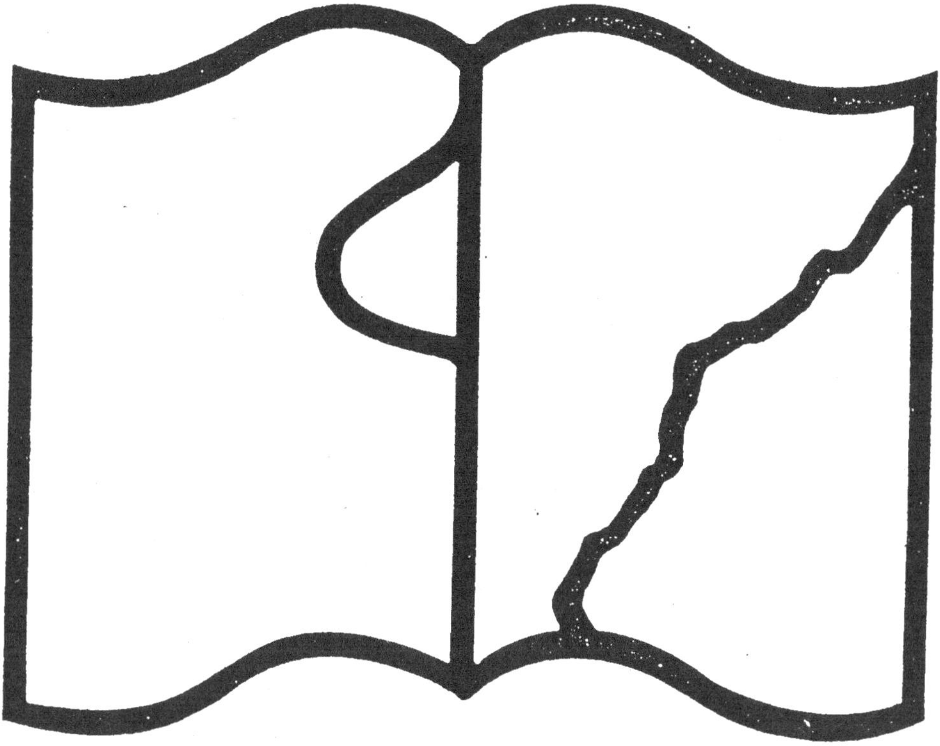

Texte détérioré — reliure défectueuse

NF Z 43-120-11

EXTRAIT

DE L'INSTRUCTION

DU 2 JUILLET 1828,

RELATIVE A LA RÉDACTION

DES ACTES DE L'ÉTAT CIVIL

A BORD

DES BÂTIMENTS DE L'ÉTAT ET DES NAVIRES DU COMMERCE.

NAVIRES DU COMMERCE.

N° **5105** de la Nomenclature des documents.

EXTRAIT

DE L'INSTRUCTION

DU 2 JUILLET 1828,

RELATIVE

AUX ACTES DE NAISSANCE ET DE DÉCÈS,

À CEUX

DE RECONNAISSANCE D'ENFANTS NATURELS,

AINSI QU'AUX PROCÈS-VERBAUX ET TESTAMENTS

À DRESSER

PENDANT LES VOYAGES DE MER.

NAVIRES DU COMMERCE.

PARIS.

IMPRIMERIE NATIONALE.

1879.

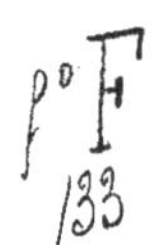

EXTRAIT

DE L'INSTRUCTION

DU 2 JUILLET 1828,

relative aux Actes de naissance et de décès, à ceux de reconnaissance d'enfants naturels, ainsi qu'aux Procès-Verbaux et Testaments à dresser pendant les voyages de mer.

NAVIRES DU COMMERCE.

DISPOSITIONS PRÉLIMINAIRES.

Les personnes chargées, d'après le Code civil, de remplir à bord des navires du commerce, *pendant les voyages de mer,* les fonctions dévolues à terre aux officiers de l'état civil et aux notaires, seront désignées dans la présente Instruction sous le titre d'*officiers instrumentaires.* *(Officiers instrumentaires.)*

Un *voyage de mer* est censé *commencer* au moment où le navire a levé l'ancre ou démarré et fait route (au moyen de ses voiles, de ses embarcations, de ses avirons ou d'une machine à vapeur), et *finir* au moment où ledit navire désarme, soit dans le port du départ, soit dans tout autre. *(Définition du voyage de mer.)*

La compétence des officiers instrumentaires semblerait donc devoir durer, à bord, pendant cet intervalle de temps, bien que les navires eussent pu relâcher, pour un motif quelconque, dans les ports français ou étrangers. *(Compétence des officiers instrumentaires.)*

Cependant, les mots *voyage de mer* annonçant que le législateur a eu l'intention de limiter la compétence des officiers instrumentaires aux seuls cas où les navires *ne peuvent communiquer,* on va préciser ici les circonstances dans lesquelles cette compétence doit être suspendue et celle où elle doit être pleine et entière :

1° SUSPENSION DE LA COMPÉTENCE.

Il y a suspension de la compétence, lorsque les navires relâchent ou séjournent dans des rades ou ports, ou qu'ils se rendent d'un port situé dans une rivière à une rade ou à la mer, et *vice versa,* et qu'*il y a possibilité,* pour les officiers instrumentaires, de communiquer, soit au départ, soit au retour, avec les autorités civiles à terre, ou, s'il y a lieu, avec les autorités sanitaires, *(Toutes les fois qu'on peut communiquer avec la terre ou avec les autorités sanitaires.)*

1.

(4)

SAVOIR :

1° En France ;

2° Dans les colonies françaises ;

3° Dans les pays étrangers où il existe des agents diplomatiques, consuls ou vice-consuls de France, ayant pouvoir de dresser les actes de l'état civil et les testaments.

Les officiers instrumentaires placés dans l'une ou l'autre de ces positions ne devront rédiger, à bord, aucun acte de l'état civil ; ils se borneront à indiquer sur les rôles d'équipage, en marge des noms des individus, les dates des naissances et des décès, et les lieux où les actes auront été dressés par les autorités civiles ou sanitaires ; ils auront, en outre, à se conformer aux dispositions suivantes :

PORTS, RADES ET RIVIÈRES DE FRANCE.

LIBRE PRATIQUE.

Le Ministre de la marine et des colonies enjoint aux officiers instrumentaires de donner *avis* (1), *par écrit,* des naissances et des décès qui auront lieu à bord, aux officiers de l'état civil des communes dont dépendent les ports, rades ou points des rivières où se trouvent mouillés ou amarrés les navires.

Et afin que les officiers instrumentaires et les intéressés ne puissent prétendre cause d'ignorance de ce que prescrit à cet égard le Code civil, on va en rappeler ici les termes :

ARTICLE 55 (livre Iᵉʳ, titre II, chapitre II). « Les déclarations de naissance seront faites, « dans les trois jours de l'accouchement, à l'officier de l'état civil du lieu : l'enfant lui sera « présenté. »

ARTICLE 56. « La naissance de l'enfant sera déclarée par le père, ou, à défaut du père, « par les docteurs en médecine ou en chirurgie, sages-femmes, officiers de santé ou autres « personnes qui auront assisté à l'accouchement ; et, lorsque la mère sera accouchée hors « de son domicile, par la personne chez qui elle sera accouchée.

« L'acte de naissance sera rédigé de suite, en présence de deux témoins. »

ARTICLE 77 (mêmes livre et titre, chapitre IV). « Aucune inhumation ne sera faite sans « une autorisation, sur papier libre et sans frais, de l'officier de l'état civil, qui ne pourra « la délivrer qu'après s'être transporté auprès de la personne décédée, pour s'assurer du « décès, et que vingt-quatre heures après le décès, hors les cas prévus par les règlements « de police. »

ARTICLE 78. « L'acte de décès sera dressé par l'officier de l'état civil sur la déclaration « de deux témoins. Ces témoins seront, s'il est possible, les deux plus proches parents ou « voisins ; ou, lorsqu'une personne sera décédée hors de son domicile, la personne chez « laquelle elle sera décédée, et un parent ou un autre. »

ARTICLE 81. « Lorsqu'il y aura des signes ou des indices de mort violente, ou d'autres « circonstances qui donneront lieu de le soupçonner, on ne pourra faire l'inhumation « qu'après qu'un officier de police, assisté d'un docteur en médecine ou en chirurgie, aura « dressé procès-verbal de l'état du cadavre et des circonstances y relatives, ainsi que des « renseignements qu'il aura pu recueillir sur les prénoms, nom, âge, profession, lieu de « naissance et domicile de la personne décédée. »

(1) Voyez le modèle F, page 29.

QUARANTAINE.

Lorsque les navires sont en quarantaine, l'*avis* (1) des naissances et des décès est à donner aux autorités sanitaires (*au président semainier*).

COLONIES FRANÇAISES.

Dans les colonies françaises, on se conformera aux dispositions qui précèdent, que les navires aient été admis à libre pratique ou qu'ils soient en quarantaine.

PAYS ÉTRANGERS OÙ RÉSIDENT DES AGENTS FRANÇAIS.

Dans les pays étrangers où résident des agents diplomatiques, des consuls ou des vice-consuls de France, les *avis* des naissances et des décès leur seront adressés.

2° COMPÉTENCE.

La compétence des officiers instrumentaires est pleine et entière,

1° Lorsque le navire est sous voiles, ou faisant route;

2° Lorsque le navire, parti d'un port de France situé dans l'intérieur d'une rivière, et durant le trajet de ce port à la rade ou à la mer, ne peut, soit par l'effet du mauvais temps, soit par toute autre cause de force majeure, communiquer avec la terre, au moment où il y a lieu de rédiger des actes de l'état civil : cette règle est à observer également au retour;

3° Lorsque le navire est de relâche dans une rade de France, des colonies françaises ou des pays étrangers où il existe un agent diplomatique, un consul ou un vice-consul de France, et qu'on ne peut, pour un motif légal, communiquer avec les autorités civiles, sanitaires ou diplomatiques : on doit alors mentionner dans les actes les causes de l'empêchement;

4° Lorsque, ayant déjà communiqué avec ces autorités, on se trouve, par l'effet du mauvais temps ou de toute autre cause de force majeure, empêché de communiquer de nouveau au moment même où il y a lieu de rédiger à bord des actes de l'état civil : on doit également mentionner dans les actes les causes de l'empêchement.

Dans cette dernière position, le capitaine du navire du commerce a ensuite à s'entendre avec les autorités locales ou sanitaires, pour l'inhumation de l'individu qui serait décédé à bord pendant la suspension momentanée de la communication; il doit, en outre, fournir à ces autorités les renseignements qu'elles pourraient réclamer sur le genre ou les causes de la mort, et surtout les prévenir que, l'acte de décès ayant dû, à cause de ces circonstances, être dressé à bord, elles n'ont nullement à constater ce décès par un nouvel acte.

Néanmoins, si la suspension de la communication se prolongeait au point qu'on ne pût conserver, à bord, le cadavre sans danger pour la salubrité du navire, il sera jeté à la mer, d'après l'ordre du capitaine; et il sera fait mention des causes de ce jet en marge de l'acte de décès.

---

(1) Voyez le modèle F, page 29.

La compétence continue dans le pays étranger où il n'existe pas d'agents français.

Lorsque le navire aborde dans un pays étranger où il n'existe pas d'agent diplomatique, de consul ou de vice-consul de France, bien qu'on puisse communiquer avec la terre, *la compétence continue également,*

1° *Pour les actes de naissance et de reconnaissance d'enfants naturels :*

Pour les actes de naissance et de reconnaissance d'enfants naturels.

Cependant, aux termes du Code civil (1), les personnes embarquées sont libres d'avoir recours au ministère des officiers instrumentaires à bord, ou de faire dresser les actes ci-dessus par les autorités locales du lieu où le navire a abordé;

2° *Pour les actes de décès,* en se conformant, toutefois, à l'égard de l'inhumation, aux dispositions précédentes (page 5).

Exception relative aux testaments,

Mais, *pour les testaments,* lorsque les navires abordent même dans des pays étrangers où il n'existe pas d'agents diplomatiques, de consuls ou de vice-consuls de France, les officiers instrumentaires *sont incompétents,* le Code civil renfermant les dispositions restrictives ci-après :

Article 999 (livre III, titre II, chapitre V, section II). « Un Français qui se trouvera en « pays étranger pourra faire ses dispositions testamentaires par acte sous signature privée (2), « ainsi qu'il est prescrit en l'article 970 (3), ou par acte authentique, avec les formes usi- « tées dans le lieu où cet acte sera passé (4). »

Article 1000. « Les testaments faits en pays étranger ne pourront être exécutés sur les « biens situés en France qu'après avoir été enregistrés au bureau du domicile du testateur, « s'il en a conservé un, sinon au bureau de son dernier domicile connu en France; et, dans « le cas où le testament contiendrait des dispositions d'immeubles qui y seraient situés, il « devra être, en outre, enregistré au bureau de la situation de ces immeubles, sans qu'il « puisse être exigé un double droit. »

ARTICLES DU CODE CIVIL

qui doivent servir de règle aux officiers instrumentaires, pendant le temps qu'ils sont appelés à remplir, à bord, les fonctions d'officier de l'état civil et de notaire, et dispositions d'exécution auxquelles ils ont à se conformer.

PREMIÈRE PARTIE.

ACTES DE L'ÉTAT CIVIL.

Age des officiers instrumentaires.

Nul ne peut exercer, à bord, les fonctions d'officier instrumentaire, s'il n'est âgé de vingt et un ans accomplis.

Par qui remplacé, s'il n'a pas l'âge requis.

En conséquence, à bord *d'un navire du commerce,* le capitaine (maître ou patron) est remplacé, *en qualité d'officier instrumentaire,* par le second, ou par celui

---

(1) Article 47 (livre 1er, titre II, chapitre 1er). « Tout acte de l'état civil des Français et des étrangers fait en pays étranger « fera foi, s'il a été rédigé dans les formes usitées dans ledit pays. »

(2) Testament olographe *ou* mystique

(3) Voyez cet article, page 18.

(4) Voyez l'article 994, page 21.

de l'équipage qui, ayant l'âge requis et sachant lire et écrire, est le plus élevé en grade.

ACTES DE NAISSANCE ET DE DÉCÈS.

Article 57 (livre Ier, titre II, chapitre II). « L'acte de naissance énoncera le jour, l'heure « et le lieu de la naissance, le sexe de l'enfant et les prénoms qui lui seront donnés, les « prénoms, noms, profession et domicile des père et mère, et ceux des témoins. »

Article 59. « S'il naît un enfant pendant un voyage de mer, l'acte de naissance sera « dressé, dans les vingt-quatre heures, en présence du père, s'il est présent, et de deux « témoins pris parmi les officiers du bâtiment, ou, à leur défaut, parmi les hommes de « l'équipage. Cet acte sera rédigé, savoir : sur les bâtiments de l'État, par l'officier d'admi-« nistration de la marine ; et sur les bâtiments appartenant à un armateur ou négociant (1), « par le capitaine, maître ou patron du navire. L'acte de naissance sera inscrit à la suite du « rôle d'équipage. »

Article 79 (mêmes livre et titre, chapitre IV). « L'acte de décès contiendra les prénoms, « nom, âge, profession et domicile de la personne décédée ; les prénoms et nom de l'autre « époux, si la personne décédée était mariée ou veuve ; les prénoms, noms, âge, professions « et domiciles des déclarants ; et s'ils sont parents, leur degré de parenté.

« Le même acte contiendra de plus, autant qu'on pourra le savoir, les prénoms, noms, « profession et domicile des père et mère du décédé, et le lieu de sa naissance. »

Article 85. « Dans tous les cas de mort violente, ou dans les prisons ou maisons de « reclusion, ou d'exécution à mort, il ne sera fait sur les registres aucune mention de ces « circonstances, et les actes de décès seront simplement rédigés dans les formes prescrites « par l'article 79. »

Article 86. « En cas de décès pendant un voyage de mer, il en sera dressé acte dans « les vingt-quatre heures, en présence de deux témoins pris parmi les officiers du bâtiment, « ou, à leur défaut, parmi les hommes de l'équipage. Cet acte sera rédigé, savoir : sur les « bâtiments de l'État, par l'officier d'administration de la marine ; et sur les bâtiments ap-« partenant à un négociant ou armateur (2), par le capitaine, maître ou patron du navire. « L'acte de décès sera inscrit à la suite du rôle d'équipage. »

Les capitaines (maîtres ou patrons) des navires du commerce, ou ceux qui doi-vent les remplacer dans les cas prévus ci-dessus, sont en conséquence chargés, sous leur responsabilité personnelle, de la rédaction des actes de naissance et de décès pendant les voyages de mer.

Ces actes doivent être rédigés, à bord, *dans les vingt-quatre heures qui suivent la naissance ou le décès;* passé ce délai, on ne peut y suppléer que par un jugement : le Ministre recommande de la manière la plus formelle de se conformer exactement à cette disposition.

Les personnes appelées à exercer, à bord, les fonctions d'officiers instrumentaires ont aussi à se conformer aux règles ci-après, qui sont prescrites par le Code civil aux officiers de l'état civil du territoire.

Article 35 (livre Ier, titre II, chapitre Ier). « Les officiers de l'état civil ne pourront rien

---

1) Voyez le modèle n° 7, page 38.
(2) Voyez le modèle n° 9, page 43.

« insérer dans les actes qu'ils recevront, soit par note, soit par énonciation quelconque, que
« ce qui doit être déclaré par les comparants. »

Exception.

Il est bien entendu, toutefois, que les officiers instrumentaires ne doivent recevoir et constater que les énonciations et déclarations autorisées par les lois. Ainsi,
par exemple, ils ne pourraient recevoir et constater une déclaration qui établirait
un fait d'adultère ou d'inceste, ou bien encore une déclaration de paternité qui serait faite par un autre que par le père ou son fondé de pouvoirs.

———

*Fondés de pou-
voirs, et pièces à pro-
duire par eux.*

ARTICLE 36. « Dans le cas où les parties intéressées ne seront point obligées de com-
« paraître en personne, elles pourront se faire représenter par un fondé de procuration
« spéciale et authentique. »

ARTICLE 44. « Les procurations et les autres pièces qui doivent demeurer annexées aux
« actes de l'état civil seront déposées, après qu'elles auront été parafées par la personne
« qui les aura produites, et par l'officier de l'état civil (*à bord, l'officier instrumentaire*), au
« greffe du tribunal, avec le double des registres dont le dépôt doit avoir lieu audit greffe. »
A bord, elles seront annexées au rôle d'équipage.

———

Témoins.

Aux termes de l'article 37 (livre Ier, titre II, chapitre Ier) du Code civil, les
témoins produits aux actes de l'état civil ne peuvent être que du sexe masculin,
âgés de vingt et un ans au moins.

En conséquence, à défaut d'officiers ayant *vingt et un ans accomplis,* les témoins
sont pris parmi les gens de l'équipage, ou parmi les passagers, ayant au moins cet
âge.

Il doit être fait mention de cette circonstance dans les actes.

———

*Degré de parenté :
comment il s'établit.*

Si, *pour les actes de décès,* les déclarants sont parents de la personne décédée, on
doit déterminer leur degré de parenté, en suivant ce qu'indiquent à ce sujet les
dispositions ci-après du Code civil :

ARTICLE 735 (livre III, titre Ier, chapitre III, section Ire). « La proximité de parenté s'é-
« tablit par le nombre des générations ; chaque génération s'appelle *un degré.* »

ARTICLE 736. « La suite des degrés forme la ligne : on appelle *ligne directe* la suite des
« degrés entre personnes qui descendent l'une de l'autre ; *ligne collatérale,* la suite des
« degrés entre personnes qui ne descendent pas les unes des autres, mais qui descendent
« d'un auteur commun.

« On distingue la ligne directe en *ligne directe descendante* et en *ligne directe ascendante.*

« La première est celle qui lie le chef avec ceux qui descendent de lui ; la deuxième
« est celle qui lie une personne avec ceux dont elle descend. »

ARTICLE 737. « *En ligne directe,* on compte autant de degrés qu'il y a de générations
« entre les personnes : ainsi le fils est, à l'égard du père, au premier degré ; le petit-fils,
« au second ; et réciproquement, du père et de l'aïeul à l'égard des fils et petit-fils. »

ARTICLE 738. « *En ligne collatérale,* les degrés se comptent par les générations, depuis
« l'un des parents jusques et non compris l'auteur commun, et depuis celui-ci jusqu'à
« l'autre parent.

« Ainsi, deux frères sont au deuxième degré ; l'oncle et le neveu sont au troisième ; les
« cousins germains, au quatrième ; ainsi de suite. »

———

Article 38 (livre Ier, titre II, chapitre Ier). « L'officier de l'état civil (*à bord, c'est l'officier* « *instrumentaire*) donnera lecture des actes aux parties comparantes, ou à leur fondé de « procuration, et aux témoins.

« Il sera fait mention de l'accomplissement de cette formalité. »

Article 39. « Ces actes seront signés par l'officier de l'état civil (*à bord, c'est l'officier* « *instrumentaire*), par les comparants et les témoins; ou mention sera faite de la cause qui « empêchera les comparants et les témoins de signer. »

Article 42. « Les actes seront inscrits sur les registres (*à bord, c'est sur le rôle d'équi-* « *page*), de suite, sans aucun blanc. Les ratures et les renvois seront approuvés et signés « de la même manière que le corps de l'acte. Il n'y sera rien écrit par abréviation, et au- « cune date ne sera mise en chiffres. »

Article 50. « Toute contravention aux articles précédents de la part des fonctionnaires « y dénommés sera poursuivie devant le tribunal de première instance, et punie d'une « amende qui ne pourra excéder cent francs. »

Article 51. « Tout dépositaire des registres sera civilement responsable des altérations « qui y surviendront, sauf son recours, s'il y a lieu, contre les auteurs desdites altéra- « tions. »

Article 52. « Toute altération, tout faux dans les actes de l'état civil, toute inscription « de ces actes faite sur une feuille volante et autrement que sur les registres à ce destinés, « donneront lieu aux dommages-intérêts des parties, sans préjudice des peines portées au « Code pénal. »

A l'égard de ces peines, le Code pénal renferme les dispositions ci-après :

Article 192 (livre III, titre Ier, chapitre III, section II, paragraphe VI). « Les officiers « de l'état civil qui auront inscrit leurs actes sur de simples feuilles volantes seront punis « d'un emprisonnement d'un mois au moins et de trois mois au plus, et d'une amende de « seize à deux cents francs. »

Article 195. « Les peines portées.......... contre les officiers de l'état civil leur « sont appliquées, lors même que la nullité de leurs actes n'aurait pas été demandée ou « aurait été couverte, le tout sans préjudice des peines plus fortes prononcées en cas de « collusion...... »

Les simples négligences sont punies par des réprimandes, la suspension, ou le retrait du brevet.

Conformément à l'article 85 du Code civil (*voyez* page 7), les officiers instru- mentaires ne doivent faire aucune mention du genre ou des causes de la mort dans le libellé des actes de décès qu'ils ont à dresser à bord.

Lorsqu'il y aura des signes ou indices de mort violente, les dispositions de l'ar- ticle 85 du Code civil (1) ne pouvant s'exécuter à la mer, on y suppléera de la manière suivante :

Procès-verbal de l'état du cadavre, des circonstances y relatives et des déposi- tions des témoins, s'il y en a, sera dressé en double expédition, *à bord d'un navire*

---

(1) Voyez cet article, page 7.

du commerce, par le capitaine (maître ou patron), conjointement avec l'officier de quart, ou, à son défaut, avec celui des marins de l'équipage qui vient après ledit capitaine (maître ou patron), et assisté du chirurgien : s'il n'existe pas de chirurgien, un second marin sera appelé (1).

Après quoi l'acte de décès sera dressé dans la forme ordinaire.
Une des expéditions de ce procès-verbal sera annexée au rôle d'équipage.

Si la mort de l'individu pouvait donner lieu à des poursuites contre un ou plusieurs hommes du bord, le procès-verbal sera dressé en triple expédition, et la dernière sera jointe aux pièces constatant le délit.

Si un enfant meurt à bord avant que sa naissance ait été enregistrée, le décret du 4 juillet 1806 porte :

ARTICLE 1ᵉʳ. « Lorsque le cadavre d'un enfant dont la naissance n'a pas été enregistrée « sera présenté à l'officier de l'état civil, cet officier n'exprimera pas qu'un tel enfant est « décédé, mais seulement qu'il lui a été présenté sans vie. Il recevra de plus la déclaration « des témoins touchant les noms, prénoms, qualités et demeure des père et mère de l'en- « fant, et la désignation des an, jour et heure auxquels l'enfant est sorti du sein de sa mère. »

ARTICLE 2. « Cet acte sera inscrit, à sa date, sur les registres des décès, sans qu'il en « résulte aucun préjugé sur la question de savoir si l'enfant a eu vie ou non. »

L'officier instrumentaire à qui le cadavre sera présenté n'aura donc pas à dresser d'acte de naissance ni même d'acte de décès; il aura seulement à rédiger un acte (2) constatant que l'enfant lui a été présenté *sans vie :* cet acte sera inscrit à sa date, à la suite du rôle d'équipage, comme les autres actes de l'état civil, et les dispositions ci-après lui seront également applicables.

REMISE ET DÉPÔT A TERRE DES ACTES DE L'ÉTAT CIVIL.

ARTICLE 60 (livre Iᵉʳ, titre II, chapitre II) du Code civil. « Au premier port où le bâti- « ment abordera, soit de relâche, soit pour toute autre cause que celle de son désarme- « ment, les officiers de l'administration de la marine, capitaine, maître ou patron, seront « tenus de déposer deux expéditions authentiques des actes de naissance qu'ils auront rédigés, « savoir : dans un port français, au bureau du préposé à l'inscription maritime; et dans « un port étranger, entre les mains du consul...... »

ARTICLE 87 (mêmes livre et titre, chapitre IV, paragraphe Iᵉʳ). « Au premier port où le « bâtiment abordera, soit de relâche, soit pour toute autre cause que celle de son désar- « mement, les officiers de l'administration de la marine, capitaine, maître ou patron, qui « auront rédigé des actes de décès, sont tenus d'en déposer deux expéditions, conformé- « ment à l'article 60. »

Pour que ces expéditions soient authentiques, il faut qu'elles soient la copie littérale de l'acte inscrit sur le rôle d'équipage, qu'elles énoncent qu'elles sont con-

---

(1) Voyez le modèle G, page 30.
(2) Voyez le modèle n° 10, page 45.

formes à cet acte, et qu'elles soient délivrées par l'officier instrumentaire du navire.

Les deux expéditions seront déposées :

Dans un port de France, au bureau de l'inscription maritime. — Nombre d'expéditions à en remettre.

Il en sera de même *dans les colonies françaises;* seulement, il sera déposé de ces actes trois expéditions en temps de paix, et quatre en temps de guerre. — Dans les colonies françaises.

Dans les pays étrangers où résident des agents diplomatiques, des consuls ou des vice-consuls de France, on déposera également trois ou quatre expéditions desdits actes, selon l'état de paix ou de guerre. — En pays étrangers.

Les officiers instrumentaires annexeront, s'il y a lieu, à l'une des expéditions les procurations et autres pièces qui, aux termes de l'article 44 du Code civil, doivent y être jointes. (*Voyez* page 8.) — Pièces à annexer à l'une des expéditions.

Le commissaire de l'inscription maritime, ou l'agent consulaire français, donnera à l'officier instrumentaire récépissé de ces expéditions, lequel sera annexé au rôle d'équipage en marge de l'acte. — Récépissé à en donner.

ARTICLE 61 (livre Ier, titre II, chapitre II) du Code civil. « A l'arrivée du bâtiment « dans le port du désarmement, le rôle d'équipage sera déposé au bureau du préposé à l'ins- « cription maritime, qui enverra une expédition de l'acte de naissance, de lui signée, à l'offi- « cier de l'état civil du domicile du père de l'enfant, ou de la mère, si le père est inconnu : « cette expédition sera inscrite de suite sur les registres. » — DÉSARMEMENT. Une expédition est envoyée par le commissaire à l'officier de l'état civil. Acte de naissance.

ARTICLE 87 (mêmes livre et titre, chapitre IV, paragraphe II). « A l'arrivée du bâti- « ment dans le port du désarmement, le rôle d'équipage sera déposé au bureau du préposé « à l'inscription maritime; il enverra une expédition de l'acte de décès, de lui signée, à « l'officier de l'état civil du domicile de la personne décédée : cette expédition sera « inscrite de suite sur les registres. » — Acte de décès.

Un navire peut rentrer dans le port où il a été armé ou dans celui où il doit désar- mer, sans pour cela désarmer immédiatement. Dans ce cas, et jusqu'à ce que son désarmement soit ordonné, l'officier instrumentaire doit déposer, à l'arrivée du navire, les expéditions des actes de naissance et de décès, comme si ledit navire entrait dans un port de relâche, et les dispositions ci-dessus sont à exécuter par cet officier instrumentaire. — Cas où le navire ne désarme pas immédiatement.

ACTES DE RECONNAISSANCE D'ENFANTS NATURELS,

SI CETTE RECONNAISSANCE N'A PAS ÉTÉ FAITE DANS LES ACTES DE NAISSANCE.

ARTICLE 334 (livre Ier, titre VII, chapitre III, section II) du Code civil. « La reconnais- « sance d'un enfant naturel sera faite par un acte authentique, lorsqu'elle ne l'aura pas été « dans son acte de naissance. » — CODE CIVIL.

ARTICLE 335. « Cette reconnaissance ne pourra avoir lieu au profit des enfants nés d'un « commerce incestueux ou adultérin. »

ARTICLE 336. « La reconnaissance du père, sans l'indication et l'aveu de la mère, n'a « d'effet qu'à l'égard du père. »

Article 337. « La reconnaissance faite pendant le mariage, par l'un des époux, au profit « d'un enfant naturel qu'il aurait eu avant son mariage, d'un autre que de son époux, « ne pourra nuire ni à celui-ci, ni aux enfants nés de ce mariage.

« Néanmoins elle produira son effet après la dissolution de ce mariage, s'il n'en reste « pas d'enfants. »

Article 338. « L'enfant naturel reconnu ne pourra réclamer les droits d'enfant légitime. « Les droits des enfants naturels seront réglés au titre *des Successions* (1). »

---

(1) Article 756 (livre III, titre Ier, chapitre IV, section Ire) du Code civil. « Les enfants naturels ne sont point héritiers : la loi ne leur accorde de droits sur les biens de leurs père et mère décédés que lorsqu'ils ont été légalement reconnus. Elle ne leur accorde aucun droit sur les biens des parents de leurs père ou mère. »

Article 757. « Le droit de l'enfant naturel sur les biens de ses père ou mère décédés est réglé ainsi qu'il suit :
« Si le père ou la mère a laissé des descendants légitimes, ce droit est d'un tiers de la portion héréditaire que l'enfant aurait « eue s'il eût été légitime ; il est de la moitié, lorsque les père ou mère ne laissent pas de descendants, mais bien des ascen-« dants, ou des frères ou sœurs ; il est des trois quarts, lorsque les père ou mère ne laissent ni descendants ni ascendants, ni « frères ni sœurs. »

Article 758. « L'enfant naturel a droit à la totalité des biens lorsque ses père ou mère ne laissent pas de parents au degré « successible. »

Article 759. « En cas de prédécès de l'enfant naturel, ses enfants ou descendants peuvent réclamer les droits fixés par les « articles précédents. »

Article 760. « L'enfant naturel ou ses descendants sont tenus d'imputer sur ce qu'ils ont droit de prétendre tout ce qu'ils « ont reçu du père ou de la mère dont la succession est ouverte, et qui serait sujet à rapport, d'après les règles établies à la « section II du chapitre VI du présent titre : »

Article 843 (mêmes livre et titre, chapitre VI, section II). « Tout héritier, même bénéficiaire, venant à « une succession, doit rapporter à ses cohéritiers tout ce qu'il a reçu du défunt, par donation entre-vifs, direc-« tement ou indirectement ; il ne peut retenir les dons ni réclamer les legs à lui faits par le défunt, à moins « que les dons et legs ne lui aient été faits expressément par préciput et hors part, ou avec dispense du rapport. »

Article 844. « Dans le cas même où les dons et legs auraient été faits par préciput ou avec dispense du rap-« port, l'héritier venant à partage ne peut les retenir que jusqu'à concurrence de la quotité disponible : l'excédent « est sujet à rapport. »

Article 845. « L'héritier qui renonce à la succession peut cependant retenir le don entre-vifs, ou réclamer le « legs à lui fait, jusqu'à concurrence de la portion disponible. »

Article 846. « Le donataire qui n'était pas héritier présomptif lors de la donation, mais qui se trouve succes-« sible au jour de l'ouverture de la succession, doit également le rapport, à moins que le donateur ne l'en ait « dispensé. »

Article 847. « Les dons et legs faits au fils de celui qui se trouve successible à l'époque de l'ouverture de la « succession sont toujours réputés faits avec dispense du rapport.
« Le père venant à la succession du donateur n'est pas tenu de les rapporter. »

Article 848. « Pareillement, le fils venant de son chef à la succession du donateur n'est pas tenu de rap-« porter le don fait à son père, même quand il aurait accepté la succession de celui-ci ; mais si le fils ne vient « que par représentation, il doit rapporter ce qui avait été donné à son père, même dans le cas où il aurait répudié « sa succession. »

Article 849. « Les dons et legs faits au conjoint d'un époux successible sont réputés faits avec dispense du « rapport.
« Si les dons et legs sont faits conjointement à deux époux, dont l'un seulement est successible, celui-ci en « rapporte la moitié ; si les dons sont faits à l'époux successible, il les rapporte en entier. »

Article 850. « Le rapport ne se fait qu'à la succession du donateur. »

Article 851. « Le rapport est dû de ce qui a été employé pour l'établissement d'un des cohéritiers, ou pour le « payement de ses dettes. »

Article 852. « Les frais de nourriture, d'entretien, d'éducation, d'apprentissage, les frais ordinaires d'équi-« pement, ceux de noces et présents d'usage, ne doivent pas être rapportés. »

Article 853. « Il en est de même des profits que l'héritier a pu retirer des conventions passées avec le défunt, « si ces conventions ne présentaient aucun avantage indirect lorsqu'elles ont été faites. »

Article 854. « Pareillement, il n'est pas dû de rapport pour les associations faites sans fraude entre le défunt « et l'un de ses héritiers, lorsque les conditions en ont été réglées par un acte authentique. »

Article 855. « L'immeuble qui a péri par cas fortuit et sans la faute du donataire n'est pas sujet à rap-« port. »

Article 856. « Les fruits et les intérêts des choses sujettes à rapport ne sont dus qu'à compter du jour de l'ou-« verture de la succession. »

Article 33g. « Toute reconnaissance de la part du père ou de la mère, de même que
« toute réclamation de la part de l'enfant, pourra être contestée par tous ceux qui y auront
« intérêt. »

Article 340. « La recherche de la paternité est interdite. Dans le cas d'enlèvement, lors-
« que l'époque de cet enlèvement se rapportera à celle de la conception , le ravisseur pourra
« être, sur la demande des parties intéressées, déclaré père de l'enfant.

Article 857. « Le rapport n'est dû que par le cohéritier à son cohéritier ; il n'est pas dû aux légataires ni aux
« créanciers de la succession. »

Article 858. « Le rapport se fait en nature ou en moins prenant. »

Article 859. « Il peut être exigé en nature à l'égard des immeubles, toutes les fois que l'immeuble donné n'a
« pas été aliéné par le donataire, et qu'il n'y a pas, dans la succession, d'immeubles de même nature, valeur et
« bonté, dont on puisse former des lots à peu près égaux pour les autres cohéritiers. »

Article 860. « Le rapport n'a lieu qu'en moins prenant quand le donataire a aliéné l'immeuble avant l'ouver-
« ture de la succession ; il est dû de la valeur de l'immeuble à l'époque de l'ouverture. »

Article 861. « Dans tous les cas, il doit être tenu compte au donataire des impenses qui ont amélioré la chose,
« eu égard à ce dont sa valeur se trouve augmentée au temps du partage. »

Article 862. « Il doit être pareillement tenu compte au donataire des impenses nécessaires qu'il a faites pour
« la conservation de la chose, encore qu'elles n'aient point amélioré le fonds. »

Article 863. « Le donataire, de son côté, doit tenir compte des dégradations et détériorations qui ont diminué
« la valeur de l'immeuble par son fait ou par sa faute et négligence. »

Article 864. « Dans le cas où l'immeuble a été aliéné par le donataire, les améliorations ou dégradations faites
« par l'acquéreur doivent être imputées conformément aux trois articles précédents. »

Article 865. « Lorsque le rapport se fait en nature, les biens se réunissent à la masse de la succession, francs
« et quittes de toutes charges créées par le donataire ; mais les créanciers ayant hypothèque peuvent intervenir au
« partage, pour s'opposer à ce que le rapport se fasse en fraude de leurs droits. »

Article 866. « Lorsque le don d'un immeuble fait à un successible avec dispense du rapport excède la portion
« disponible, le rapport de l'excédant se fait en nature, si le retranchement de cet excédant peut s'opérer commo-
« dément.

« Dans le cas contraire, si l'excédant est de plus de moitié de la valeur de l'immeuble, le donataire doit rapporter
« l'immeuble en totalité, sauf à prélever sur la masse la valeur de la portion disponible : si cette portion excède la
« moitié de la valeur de l'immeuble, le donataire peut retenir l'immeuble en totalité, sauf à moins prendre, et à
« récompenser ses cohéritiers en argent ou autrement. »

Article 867. « Le cohéritier qui fait le rapport en nature d'un immeuble peut en retenir la possession jusqu'au
« remboursement effectif des sommes qui lui sont dues pour impenses ou améliorations. »

Article 868. « Le rapport du mobilier ne se fait qu'en moins prenant. Il se fait sur le pied de la valeur du mobilier
« lors de la donation, d'après l'état estimatif annexé à l'acte ; et, à défaut de cet état, d'après une estimation par
« experts, à juste prix et sans crue. »

Article 869. « Le rapport de l'argent donné se fait en moins prenant dans le numéraire de la succession. »
« En cas d'insuffisance, le donataire peut se dispenser de rapporter du numéraire, en abandonnant, jusqu'à due
« concurrence, du mobilier, et à défaut de mobilier, des immeubles de la succession. »

Article 761. « Toute réclamation leur est interdite lorsqu'ils ont reçu, du vivant de leur père ou de leur mère, la moitié de
« ce qui leur est attribué par les articles précédents, avec déclaration expresse, de la part de leur père ou mère, que leur in-
« tention est de réduire l'enfant naturel à la portion qu'ils lui ont assignée.
« Dans le cas où cette portion serait inférieure à la moitié de ce qui devrait revenir à l'enfant naturel, il ne pourra réclamer
« que le supplément nécessaire pour parfaire cette moitié. »

Article 762. « Les dispositions des articles 757 et 758 ne sont pas applicables aux enfants adultérins ou incestueux.
« La loi ne leur accorde que des aliments. »

Article 763. « Ces aliments sont réglés, eu égard aux facultés du père ou de la mère, au nombre et à la qualité des héritiers
« légitimes. »

Article 764. « Lorsque le père ou la mère de l'enfant adultérin ou incestueux lui auront fait apprendre un art mécanique,
« ou lorsque l'un d'eux lui aura assuré des aliments de son vivant, l'enfant ne pourra élever aucune réclamation contre leur
« succession. »

Article 765. « La succession de l'enfant naturel décédé sans postérité est dévolue au père ou à la mère qui l'a reconnu, ou
« par moitié à tous les deux, s'il a été reconnu par l'un et par l'autre. »

Article 766. « En cas de prédécès des père et mère de l'enfant naturel, les biens qu'il en avait reçus passent aux frères ou
« sœurs légitimes, s'ils se retrouvent en nature dans la succession ; les actions en reprise, s'il en existe, ou le prix de ces biens
« aliénés, s'il est encore dû, retournent également aux frères et sœurs légitimes. Tous les autres biens passent aux frères et
« sœurs naturels ou à leurs descendants. »

ARTICLE 341. « La recherche de la maternité est admise. »

« L'enfant qui réclamera sa mère sera tenu de prouver qu'il est identiquement le même « que l'enfant dont elle est accouchée.

« Il ne sera reçu à faire cette preuve par témoins que lorsqu'il aura déjà un commence- « ment de preuve par écrit. »

ARTICLE 342. « Un enfant ne sera jamais admis à la recherche soit de la paternité, « soit de la maternité, dans le cas où, suivant l'article 335, la reconnaissance n'est pas « admise. »

L'acte peut être fait avant ou après la naissance de l'enfant. La reconnaissance d'un enfant naturel, *né* ou *à naître*, peut être faite par un acte authentique antérieur ou postérieur à la naissance de cet enfant.

Cette reconnaissance peut, en conséquence, avoir lieu à bord, soit par un testament par acte public (1), soit par un acte de reconnaissance proprement dit.

A renouveler à terre, s'il y a lieu. Toutefois, comme le Code civil est muet sur la compétence des officiers instrumentaires, quant à ce dernier acte, il est recommandé à ces officiers d'inviter ceux qui auront fait dresser de pareils actes à bord à les renouveler à terre aussitôt que les navires auront abordé un port de France, des colonies françaises ou de pays étrangers résidences d'agents diplomatiques, de consuls ou vice-consuls de France, ayant pouvoir de dresser des actes de l'état civil.

Les dispositions relatives aux actes de naissance et de décès sont applicables à ceux-ci. Pour la rédaction des actes de reconnaissance qui pourront être dressés à bord (2), le grade et l'âge des témoins, l'inscription de ces actes à la suite du rôle d'équipage et à leur date; enfin, pour la remise qui doit être faite des expéditions desdits actes dans les lieux où relâcheront les navires, les officiers instrumentaires se conformeront exactement à ce qui est prescrit ci-dessus, relativement aux actes de naissance et de décès.

IIE PARTIE.

PROCES-VERBAUX

CONSTATANT LA DISPARITION D'INDIVIDUS DU BORD.

Disparition d'un individu à la mer. Si un homme de l'équipage ou un passager tombe à la mer *pendant le cours d'un voyage* (et qu'il ait été impossible de le sauver), s'il a disparu dans un naufrage, etc. les officiers instrumentaires dénommés dans la première partie n'auront pas à dresser d'acte de décès; ils se borneront à constater, immédiatement, par procès-verbal, non-seulement toutes les circonstances relatives à la disparition, mais encore les déclarations des témoins de l'événement.

Le procès-verbal inscrit à la suite du rôle et par qui signé. Ce procès-verbal (3), inscrit sur le rôle d'équipage (avec les actes de l'état civil), sera signé par l'officier instrumentaire et par les témoins de l'événement.

Expéditions à en remettre lors de relâches :
En France ; *Si le navire aborde dans un port de France autre que celui du désarmement,* l'officier

---

(1) Voyez page 41.
(2) Voyez le modèle n° 8, page 41.
(3) Voyez le modèle n° 11, page 47.

instrumentaire remettra deux expéditions authentiques de ce procès-verbal, signées de lui, au bureau du commissaire de l'inscription maritime.

Si la relâche a lieu dans une colonie française ou dans un pays étranger résidence d'un agent diplomatique, consul ou vice-consul de France, l'officier instrumentaire remettra en temps de paix trois, et en temps de guerre quatre expéditions du procès-verbal au commissaire de l'inscription maritime ou à l'agent consulaire.

Dans aucun cas, ce procès-verbal ne peut *tenir lieu d'acte de décès ni servir à rédiger d'actes de décès :* les expéditions qui en seront délivrées devront toujours porter cette indication.

———

Si, *pendant le séjour d'un navire du commerce dans les ports, rivières et rades de France (que ce navire soit ou non en cours de voyage),* un individu appartenant à l'équipage, un passager tombe à la mer, et que tous les moyens employés pour le sauver, toutes les recherches faites pour retrouver son cadavre aient été infructueux, l'officier instrumentaire dressera immédiatement procès-verbal de l'événement (1), et il en remettra, sans délai, deux expéditions authentiques au commissaire de l'inscription maritime du port, qui en fera passer une au maire de la commune de laquelle dépend le port ou la rade.

Dans les colonies françaises, il sera remis de ce procès-verbal trois ou quatre expéditions, selon l'état de paix ou de guerre.

Si ensuite le cadavre est sauvé par les gens de l'équipage du navire auquel appartenait l'individu disparu, ou par tout autre, ou s'il est retrouvé sur les bords de la mer ou d'une rivière, sa reconnaissance, son inhumation et la rédaction de l'acte de décès concernent l'officier de l'état civil à terre, ou l'officier sanitaire si le navire est en quarantaine; seulement, les personnes qui auront signé le procès-verbal de disparition, comme témoins de l'événement, seront tenues, si le navire n'est pas en partance, d'obtempérer à la réquisition qui pourrait leur être faite par l'autorité civile, judiciaire ou sanitaire, de venir constater, conjointement avec elle, l'identité du cadavre.

Les mêmes dispositions seront à exécuter *dans les pays étrangers où il existe des agents diplomatiques, consuls ou vice-consuls de France.*

Mais *s'il n'y a pas d'agents français,* le capitaine du navire du commerce réclamera des autorités locales une expédition de l'acte de décès, si le cadavre était retrouvé avant le départ dudit navire; l'officier instrumentaire devra, dans ce cas, transcrire littéralement cet acte (*à titre de renseignements*) sur le rôle d'équipage, à la suite des actes de l'état civil : expéditions en seront remises, lors des relâches, ainsi qu'il est dit ci-dessus; l'original sera annexé au rôle d'équipage.

Si le cadavre n'avait pas été retrouvé au moment du départ, le capitaine invitera les autorités locales, dans le cas où le sauvetage en aurait lieu plus tard, à envoyer une expédition de l'acte de décès au port le plus voisin, français ou étranger (rési-

———

(1) C'est le modèle déjà indiqué, note 3, page 14.

dence d'un agent français); et, pour rendre cette mesure plus efficace encore, ce capitaine devra profiter des occasions qui pourraient se présenter pour adresser une expédition du procès-verbal de disparition au commissaire de la marine ou à l'agent diplomatique, consul ou vice-consul de France résidant dans ledit port, afin que celui-ci puisse, au besoin, réclamer de ces autorités l'envoi de l'expédition de l'acte dont il s'agit.

IIIE PARTIE.

DISPOSITIONS

APPLICABLES AUX ACTES ET PROCÈS-VERBAUX QUI PRÉCÈDENT. (1re et 2° parties.)

Inscription à faire sur le rôle d'équipage, en ce qui concerne :

Il sera fait mention sur les rôles d'équipage, dans la colonne *Mutations et mouvements :*

Les naissances;

1° *Au nom d'une femme passagère,* de l'heure et de la date de la naissance ainsi que du sexe de l'enfant auquel elle aura donné le jour à bord; si cet enfant est légitime ou naturel, et des prénoms et nom donnés à l'enfant et portés dans l'acte de naissance;

Enfants présentés sans vie;

Si l'enfant était présenté sans vie avant que sa naissance eût été enregistrée, on fera également mention, sur le rôle, des an, mois, jour et heure auxquels il est sorti du sein de sa mère;

Les reconnaissances d'enfants naturels;

2° *Au nom de la personne qui aura fait dresser un acte de reconnaissance d'enfant naturel,* de la date et du lieu de la naissance de l'enfant reconnu, des prénoms et nom portés dans son acte de naissance, et de ceux indiqués dans l'acte de reconnaissance;

Si l'enfant est à naître, on mentionnera les prénoms, nom, profession et domicile de la mère;

Les décès;

3° *Au nom d'un individu décédé,* de la date et du genre de mort;

Les disparitions.

4° *Au nom d'un individu disparu,* de la date et de la cause de la disparition, ainsi que de l'endroit, du parage ou de la hauteur où cette disparition a eu lieu;

Si le cadavre est retrouvé plus tard, on indiquera aussi la date de l'acte de décès rédigé à terre, et le nom de la commune ou du pays où il a été dressé;

5° *Dans ces divers cas,* de la date des actes et du folio de leur inscription sur le rôle d'équipage; de la date des remises des expéditions desdits actes; des autorités auxquelles ces remises auront été faites; de la date de leurs récépissés, etc.

Défense aux officiers instrumentaires de délivrer aux intéressés des expéditions des actes de l'état civil, etc.

Il est expressément défendu aux officiers instrumentaires de délivrer aux personnes intéressées ou à toute autre des expéditions ou des extraits réguliers, *faisant preuve, des actes de l'état civil* inscrits sur les rôles d'équipage dont ils sont dépositaires pendant leur embarquement, cette délivrance ne pouvant être faite qu'à terre par les officiers de l'état civil qui ont inscrit ces actes sur leurs registres, et ce, aux termes de l'article 45 (livre Ier, titre II, chapitre Ier) du Code civil, qui est ainsi conçu :

« Toute personne pourra se faire délivrer, par les dépositaires des registres de l'état civil,
« des extraits de ces registres. Les extraits délivrés conformes aux registres, et légalisés par
« le président du tribunal de première instance ou par le juge qui le remplacera, feront
« foi jusqu'à inscription de faux. »

Relativement *aux procès-verbaux constatant la disparition d'individus du bord,* les commissaires des armements et de l'inscription maritime pourront *seuls* en délivrer des copies littérales aux intéressés qui en formeront la demande.

Procès-verbaux de disparition.

———

Afin de procurer aux officiers instrumentaires les moyens de remettre, aussitôt après leur arrivée dans les ports de relâche, les expéditions des actes et des procès-verbaux ci-dessus relatés, il leur sera fourni par les soins de l'administration de la marine, dans les ports d'armement, et ce, au moment du départ des navires, une quantité suffisante de feuilles imprimées de chacun des modèles desdits actes et procès-verbaux.

Feuilles imprimées à délivrer au départ, pour la transcription des expéditions à remettre à terre des actes de l'état civil.

Le nombre de feuilles en sera annoté sur le rôle d'équipage, par le commissaire de l'inscription maritime, en tête de la partie réservée pour la transcription des actes de l'état civil. L'officier instrumentaire devra, ensuite, indiquer au-dessous le détail de l'emploi desdites feuilles : celles gâtées devront être annexées au rôle et rapportées à terre.

L'officier instrumentaire qui, lors du désarmement, ne représente pas les feuilles dont il ne peut faire connaître l'emploi encourt une punition.

Le nombre en sera annoté sur le rôle d'équipage.

Il en est de même de tout officier instrumentaire qui, formant la demande de nouvelles feuilles, ne pourrait justifier de l'emploi de celles qui lui auraient été précédemment délivrées dans le même port ou dans tout autre.

Ou lorsqu'il est demandé de nouvelles feuilles.

Dans le cas où quelques-uns des mots imprimés sur les modèles différeraient de ceux relatés dans les actes, ils seront rayés : leur nombre sera indiqué, en marge, par un renvoi (*tant de mots rayés nuls*), et la personne qui délivrera l'expédition parafera ce renvoi. Si, au contraire, un ou plusieurs mots devaient être ajoutés à la main au-dessus des mots imprimés, on les répétera à la marge, en les indiquant au moyen d'un renvoi qui sera également parafé. A la fin de l'expédition on portera : *Bon pour tant de mots rayés, nuls* ou *ajoutés.*

Ce que l'on doit faire lorsqu'il y a lieu d'opérer quelques changements sur les modèles imprimés.

On devra se conformer avec d'autant plus de soin à ces dispositions que des changements ou augmentations qui n'auraient pas été approuvés de cette manière entraîneraient l'annulation de l'expédition.

Des changements non opérés régulièrement peuvent entraîner l'annulation de l'expédition.

IVᵉ PARTIE.

TESTAMENTS.

Dispositions du
Code civil.

Article 967 (livre III, titre II, chapitre V, section Iʳᵉ) du Code civil. « Toute per-
« sonne pourra disposer par testament, soit sous le titre d'institution d'héritier, soit sous
« le titre de legs, soit sous toute autre dénomination propre à manifester sa volonté. »

Article 968. « Un testament ne pourra être fait dans le même acte par deux ou plu-
« sieurs personnes, soit au profit d'un tiers, soit à titre de disposition réciproque et mu-
« tuelle. »

Article 969. « Un testament pourra être *olographe*, ou fait par *acte public* ou dans la
« *forme mystique* (1). »

TESTAMENT OLOGRAPHE.

Cas de nullité.

Article 970. « Le testament olographe ne sera point valable, s'il n'est écrit en entier,
« daté et signé de la main du testateur : il n'est assujetti à aucune autre forme. »

Le testament olographe est nul s'il manque d'une de ces trois formalités.

Un mot qui serait écrit de la main d'une autre personne rendrait ce testament
nul, quand même ce mot serait superflu.

Exception.

Un mot, même écrit d'une autre main en interligne, causerait également l'annulation du testament olographe, s'il est constant que ce mot faisait partie du testament;
par exemple, si l'interligne a été approuvé par le testateur. Mais si cet interligne avait
été ajouté après coup, et sans le consentement du testateur, par un tiers auquel il
aurait confié son testament, il n'en causerait pas la nullité, parce qu'il ne peut pas
être laissé au pouvoir d'un tiers de détruire ainsi un testament (2).

TESTAMENT PAR ACTE PUBLIC (3).

Article 988 (livre III, titre II, chapitre V, section II). « Les testaments faits sur mer, dans
« le cours d'un voyage, pourront être reçus, savoir :
« *A bord des vaisseaux et autres bâtiments de l'État* (3), par l'officier commandant le
« bâtiment, ou, à son défaut, par celui qui le supplée dans l'ordre du service, l'un ou
« l'autre conjointement avec l'officier d'administration ou avec celui qui en remplit les
« fonctions;
« *Et à bord des bâtiments du commerce* (4), par l'écrivain du navire ou celui qui en remplit

---

(1) Le Code civil n'ayant pas autorisé la réception de testaments mystiques pendant les voyages de mer, il ne sera pas
fait mention de ces actes dans la présente instruction. (Les articles 975, 976, 977, 978 et 979 du Code civil sont
relatifs à la réception de ces actes à terre.)

(2) Un testament olographe est ordinairement commencé ainsi qu'il suit :

* *Prénoms, nom, grade, qualité ou profession et dernier domicile du testateur.* *Si c'est une femme (prénoms et nom de famille et dernier domicile), femme d ou veuve d (prénoms et nom, etc. du mari.)*	Ceci est mon testament. Je recommande mon âme à Dieu, et je le prie de me pardonner mes péchés. Je soussigné * *(Suivent les dispositions testamentaires.)* Nota. Voyez, page 55, les formules des principales dispositions testamentaires que l'on peut insérer dans le testament olographe comme dans tous les autres testaments.

(3) On rappelle que la reconnaissance d'un enfant naturel peut avoir lieu, à bord, soit par un acte de reconnaissance,
voyez page 11), soit par un testament par acte public.

(4) Voyez le modèle nᵘ 15, page 51.

« les fonctions, l'un ou l'autre conjointement avec le capitaine, le maître ou le patron, ou,
« leur défaut, par ceux qui les remplacent.

« Dans tous les cas, ces testaments devront être reçus en présence de deux témoins. »

Article 989. « Sur les bâtiments de l'État, le testament du capitaine ou celui de l'offi-
« cier d'administration, et sur les bâtiments du commerce, celui du capitaine, du maître
« ou patron, ou celui de l'écrivain, pourront être reçus par ceux qui viennent après eux
« dans l'ordre du service, en se conformant pour le surplus aux dispositions de l'article
« précédent. »

Ainsi qu'il a été dit page 6, ne peut exercer les fonctions d'officier instrumentaire celui qui n'a pas *vingt et un ans accomplis*.

En conséquence,

A bord des navires du commerce, les capitaines, maîtres ou patrons, sont, en même temps, chargés du commandement et des écritures du bord.

C'est donc le capitaine (maître ou patron) d'un navire du commerce qui doit remplir les fonctions d'officier instrumentaire pour la réception du testament par acte public ; et, pour le remplacer dans les fonctions que lui assigne l'article 988 du Code civil, il appelle, pour recevoir cet acte conjointement avec lui, le second ou le marin du bord le plus avancé en grade, ayant vingt et un ans accomplis, et sachant lire et écrire.

Si le capitaine (maître ou patron) n'a pas l'âge requis, ou en cas de maladie ou de mort, il est remplacé, *en qualité d'officier instrumentaire,* par le second du navire, si, d'ailleurs, ce dernier est âgé de vingt et un ans au moins : le second doit alors se conformer aux dispositions ci-dessus, relativement au marin qu'il doit s'adjoindre pour recevoir l'acte dont il s'agit.

La personne chargée, à bord, de recevoir les testaments par acte public ne peut refuser son ministère lorsqu'elle en est requise (1) ; mais elle doit s'en abstenir toutes les fois :

1° Que le testateur est son parent ou son allié en ligne directe à tous les degrés, et en collatérale jusqu'au degré d'oncle ou de neveu inclusivement (2) ;

2° Que ses parents, aux mêmes degrés, doivent avoir part aux dons ou legs du testateur (3).

Dans l'un et l'autre cas, cette personne doit être remplacée, ainsi qu'il a été dit ci-dessus, pour les cas d'empêchement, de mort, etc.

Ces dispositions sont également applicables à celui conjointement avec lequel le testament doit être reçu.

Si ce dernier était parent ou allié, aux mêmes degrés, de la personne chargée de recevoir le testament, il doit être également remplacé.

---

(1) Loi du 16 mars 1803 [25 *ventôse an xi*], sur le notariat, Article 3 (titre I", section I"). « Ils sont tenus de prêter leur
« ministère lorsqu'ils en sont requis. »

(2) Voyez les articles 735 à 738 du Code civil, page 8.

(3) Loi du 16 mars 1803, Article 8 (titre I", section II), « Les notaires ne pourront recevoir des actes dans lesquels leurs
« parents ou alliés, en ligne directe à tous les degrés, et en collatérale jusqu'au degré d'oncle ou de neveu inclusivement,
« seraient parties, ou qui contiendraient quelques dispositions en leur faveur. »

Mentionner dans 'acte les causes des remplacements.

Le testament doit toujours faire mention des causes pour lesquelles les personnes désignées dans l'article 988 du Code civil n'ont pu recevoir elles-mêmes ce testament ou être présentes à sa réception.

Témoins.

ARTICLE 975 (livre III, titre II, chapitre V, section Ire) du Code civil. « Ne pourront « être pris pour témoins du testament par acte public, ni les légataires, à quelque titre « qu'ils soient, ni les parents ou alliés jusqu'au quatrième degré inclusivement..... »

ARTICLE 980. « Les témoins appelés pour être présents aux testaments devront être « mâles, majeurs, jouissant des droits civils.

Les parents ne peuvent être admis comme témoins.

Les parents ou alliés au degré prohibé (1) de la personne chargée de recevoir le testament, ou de celle conjointement avec laquelle il doit être reçu, ne pourront être admis comme témoins ; leurs serviteurs et ceux des parties contractantes ne pourront l'être également (*disposition de l'article 8 de la loi du 16 mars 1803 [25 ventôse an XI] sur le notariat*).

Le testament dicté par le testateur.

Le testament doit être dicté par le testateur, et écrit tel qu'il est dicté, par l'officier instrumentaire, et non par un autre (2).

Il ne peut contenir aucune disposition en faveur des officiers du bâtiment ou navire.

ARTICLE 997. « Le testament fait sur mer ne pourra contenir aucune disposition au profit « des officiers du vaisseau, s'ils ne sont parents du testateur. »

Cette interdiction s'applique aux officiers des navires du commerce, aussi bien qu'à ceux des bâtiments de l'État, qu'ils soient ou non officiers instrumentaires.

A moins qu'ils ne soient parents.

Si des officiers des navires du commerce sont parents du testateur, le testament peut contenir des dispositions en leur faveur ; mais, dans ce cas, ils ne peuvent être ni officiers instrumentaires ni assister ces derniers. (Voyez page 19.)

Le testament est fait en double expédition.

ARTICLE 990. « Dans tous les cas, il sera fait un double original des testaments men- « tionnés aux deux articles précédents »

Ce ne doit pas être une simple expédition du testament, mais un second original écrit par l'officier instrumentaire qui aura écrit le premier, et revêtu des mêmes formalités et signatures que celui-ci.

Lecture à en donner.

Il doit être donné lecture du testament ainsi écrit au testateur, en présence des témoins (3).

---

(1) Voyez, pour les degrés de parenté, page 8.

(2) ARTICLE 972 (livre III, titre II, chapitre V, section Ire) du Code civil. « Si le testament est reçu par deux notaires, « il leur est dicté par le testateur et il doit être écrit par l'un de ces notaires, tel qu'il est dicté.

« S'il n'y a qu'un notaire, il doit également être dicté par le testateur et écrit par ce notaire. (*A bord, c'est l'officier instru-* « *mentaire.*)

« Dans l'un et l'autre cas, il doit en être donné lecture au testateur en présence des témoins.

« Il est fait du tout mention expresse. »

(3) Voyez le modèle de l'acte de suscription de l'enveloppe renfermant chaque testament, n° 16, page 54.

Article 998. « Les testaments compris dans les articles ci-dessus de la présente section « seront signés par les testateurs et par ceux qui les auront reçus.

« Si le testateur déclare qu'il ne sait ou ne peut signer , il sera fait mention de sa décla-« ration, ainsi que de la cause qui l'empêche de signer.

« Dans le cas où la présence de deux témoins est requise (*et elle l'est toujours pour les* « *testaments par actes publics faits sur mer,* voyez *l'article 988, page 8*), le testament sera « signé au moins par l'un d'eux , et il sera fait mention de la cause pour laquelle l'autre n'aura « pas signé. »

Article 1001. « Les formalités auxquelles les divers testaments sont assujettis par les « dispositions de la présente section et de la précédente doivent être observées à peine de « nullité. »

Chaque testament doit être clos et scellé séparément (1). *(Clore et sceller séparément chaque testament.)*

Le cachet à appliquer sur la fermeture du paquet est celui du testateur; s'il n'en a pas, on fera apposer sa signature sur cette fermeture, ou celle des témoins, dans le cas où il ne saurait signer.

REMISE ET DÉPÔT A TERRE DES TESTAMENTS PAR ACTE PUBLIC.

Article 991. « Si le bâtiment aborde dans un port étranger dans lequel se trouve un *(Si le bâtiment ou navire aborde en pays étranger.)* « consul de France (*vice-consul ou agent diplomatique*), ceux qui auront reçu le testament « seront tenus de déposer l'un des originaux, clos ou cacheté, entre les mains de ce consul, « qui le fera parvenir au ministre de la marine; et celui-ci en fera faire le dépôt au greffe « de la justice de paix du lieu du domicile du testateur. »

Si le navire aborde dans une colonie française, le dépôt de l'un des deux originaux, *(Dans une colonie française.)* clos ou cacheté, devra être fait entre les mains de l'autorité maritime, qui se conformera aux dispositions ci-dessus.

Article 992. « Au retour du bâtiment en France, soit dans le port de l'armement, soit *(En France.)* « dans un port autre que celui de l'armement, les deux originaux du testament, également « clos et cachetés, ou l'original qui resterait, si, conformément à l'article précédent, l'autre « avait été déposé pendant le cours du voyage, seront remis au bureau du préposé de « l'inscription maritime; ce préposé les fera passer sans délai au ministre de la marine, qui « en ordonnera le dépôt ainsi qu'il est dit au même article. »

Article 993. « Il sera fait mention sur le rôle du bâtiment, à la marge du nom du *(Mention de la remise à faire sur le rôle.)* testateur (dans la colonne *mutations*), de la remise qui aura été faite des originaux du tes-tament, soit entre les mains d'un consul (*d'un vice-consul, d'un agent diplomatique ou* « *d'un gouverneur des colonies françaises*), soit au bureau d'un préposé de l'inscription mari-« time. »

Article 994. « Le testament ne sera point réputé fait en mer, quoiqu'il l'ait été dans le *(Cas où le testament n'est pas réputé fait en mer.)* « cours du voyage, si, au temps où il a été fait, le navire avait abordé une terre, soit « étrangère, soit de la domination française, où il y aurait un officier public français; auquel « cas, il ne sera valable qu'autant qu'il aura été dressé suivant les formes prescrites en « France, ou suivant celles usitées dans les pays où il aura été fait (2). »

Article 995. « Les dispositions ci-dessus seront communes aux testaments faits par les *(Les mêmes dispositions applicables aux testaments des passagers.)* « simples passagers qui ne feront point partie de l'équipage. »

(1) Voyez le modèle de l'acte de suscription de l'enveloppe renfermant chaque testament, n° 16, page 54.
(2) Voyez l'article 47, note 1, page 6, et les articles 999 et 1000, même page.

Comment le testament fait sur mer peut être réputé valable.

ARTICLE 996. « Le testament fait sur mer, en la forme prescrite par l'article 988, « ne sera valable qu'autant que le testateur mourra en mer, ou dans les trois mois après « qu'il sera descendu à terre, et dans un lieu où il aura pu le refaire dans les formes ordi- « naires. »

V^E PARTIE.

PAPIERS

CACHETÉS OU NON CACHETÉS TROUVÉS À BORD DANS LA MALLE OU DANS LE SAC D'UN INDIVIDU MORT, DÉSERTÉ, ETC.

Testament olographe, papiers, etc.

Si, lors du décès d'un individu embarqué, ou après sa disparition du bord, par suite d'un événement quelconque, de désertion, etc., un testament olographe, un papier écrit présumé tel, ou des papiers cachetés, étaient trouvés dans sa malle ou dans son sac, la personne chargée, à bord, de recevoir les testaments par actes pu-- blics, conjointement avec celle devant laquelle ils sont reçus, doit, en présence de deux témoins, parents ou autres, constater l'existence de ces testament ou papiers, de la manière suivante :

Trouvés ouverts et non cachetés : copie à en faire.

1° *Si le testament ou les papiers sont ouverts et non cachetés,* il en sera fait une copie littérale par la personne chargée de recevoir les testaments; cette copie sera certifiée conforme à l'original par cette personne, par celle qui l'aura assistée et par les témoins.

Cette copie ne pourrait certainement pas remplacer le testament original, si celui-ci venait à s'égarer après sa remise à terre; mais elle fournirait du moins au ministre ou aux administrateurs de la marine les moyens d'avertir les parties intéressées de l'existence de ces testament ou papiers, du lieu où ils ont été dépo- sés, etc.

Les clore et sceller séparément.

L'original et la copie seront, en présence des mêmes individus, incontinent clos et scellés séparément.

Cachet et, à défaut, signatures à apposer sur la fermeture de chaque paquet.

Le cachet sera celui du capitaine (maître ou patron).

A défaut de cachet, l'officier instrumentaire, la personne qui l'aura assisté et les témoins apposeront leurs signatures sur la fermeture de chaque paquet.

Acte de suscription.

Dans l'acte de suscription (1), qui sera également signé par eux, on mentionnera les prénoms, nom, grade ou profession, lieu de naissance et dernier domicile du décédé ou du disparu, l'espèce et le nombre des papiers ainsi clos et scellés· on y indiquera, en outre, quand le cas le requerra, si ce sont les originaux ou les copies.

Les originaux remis les premiers.

Les originaux seront toujours remis les premiers, lors de l'atterrage des navires.

Trouvés clos et scellés : formalités à remplir.

2° *Si le testament ou les pièces sont trouvés clos et scellés,* les personnes ci-dessus

---

(1) Voyez le modèle n° 19, page 59.

désignées et les témoins se borneront à apposer leurs signatures sur la suscription (1), après y avoir indiqué :

1° La date de la reconnaissance de ces papiers ;

2° Les prénoms et nom du décédé ou du disparu ; son grade ou sa profession, le lieu de sa naissance et de son dernier domicile ;

3° Enfin, le nom de l'officier instrumentaire, lequel doit rester dépositaire du paquet.

3° Il sera fait mention de l'existence de ces testament ou papiers dans le procès-verbal à dresser, en double expédition, à bord, de l'inventaire des hardes et effets appartenant aux décédés ou autres (2), en y rapportant textuellement l'acte de suscription, ainsi que la forme extérieure des paquets, celle du cachet, la matière qui aura été employée pour l'empreinte, les signatures, etc.

Mention à en faire sur l'inventaire des effets.

4° Aucune pièce reconnue et inventoriée comme il vient d'être dit ne pourra, sous quelque prétexte que ce soit, être remise, à bord, par la personne qui en sera dépositaire, à des individus embarqués, parents ou autres ; ceux-ci auront à réclamer ces pièces, à la première relâche des bâtiments et navires, savoir :

Aucune pièce reconnue et inventoriée ne peut être remise à des intéressés ; ils doivent réclamer ces pièces :

Dans un des ports de France ou dans une colonie française, auprès du président du tribunal civil (3) ;

En France ou dans les colonies, auprès du tribunal civil ;

Dans un port étranger (résidence d'un agent français), auprès de l'agent diplomatique, du consul ou du vice-consul de France, qui prononcera, et fera, s'il y a lieu, dresser acte de cette remise.

En pays étranger, auprès de l'agent français,

5° Si le navire relâche dans une colonie française ou dans un pays étranger (résidence

Remise des originaux dans les colonies ou dans les pays étrangers.

---

(1) Voyez le modèle n° 20, page 60.

(2) Voyez, pages 31 à 33, les modèles M et N des inventaires à dresser, *à bord des navires du commerce,* par les capitaines (maîtres ou patrons), qui, maintenant, sont également chargés des écritures du bord.

Ordonnance du Roi du mois d'août 1681. Article 5 (livre II, titre III). « Lui donnons pouvoir de recevoir les testaments « de ceux qui décéderont sur le vaisseau pendant le cours du voyage, de faire l'inventaire des biens par eux délaissés dans le « navire..... »

Article 6 (même livre, titre IV). « Au défaut d'écrivain, le pilote sera tenu, quand il en sera requis par le maître..... « et de faire l'inventaire des biens et effets de ceux qui décéderont sur les vaisseaux, qu'il fera signer par le maître et par deux « des principaux de l'équipage. »

Nota. Il n'est plus embarqué de pilotes à bord des navires du commerce, ainsi que l'entendait l'ordonnance de 1681.

Le capitaine (maître ou patron) est le pilote de son navire, sauf à l'entrée des ports ou rivières, où la conduite des bâtiments doit être confiée à l'un des *lamaneurs* institués *ad hoc.*

En conséquence, les dispositions de l'article 6 sont, maintenant, à exécuter par le capitaine (maître ou patron) du navire.

Article 4 (livre III, titre XI). « Incontinent après le décès de ceux qui mourront sur mer, l'écrivain fera l'inventaire des « effets par eux délaissés dans le vaisseau, en présence des parents, s'il y en a, sinon de deux témoins, qui signeront, et à la « diligence du maître. »

Article 5. « Le maître demeurera chargé des effets du défunt..... »

Indépendamment des dispositions ci-dessus, il y a encore à exécuter celles ci-après du règlement du Roi du 17 juillet 1816, sur l'établissement des invalides de la marine :

Article 21. « .... Les effets et hardes provenant d'individus embarqués sur les navires du commerce sont déposés, « avec l'inventaire, au bureau de l'inscription maritime du port où le désarmement a lieu. »

Article 22. « Les espèces monnayées trouvées sur les décédés, et le produit de leurs effets et hardes qui auraient été vendus « dans le cours du voyage, pour cause de dépérissement ou pour tout autre motif, seront remis, lors du désarmement, au « caissier des gens de mer. »

(3) Article 919 (II° partie, livre II, titre I°, du Code de procédure civile). « Si les paquets cachetés paraissent, par leur « suscription, ou par quelque autre preuve écrite, appartenir à des tiers, le président du tribunal ordonnera que ces tiers seront « appelés dans un délai qu'il fixera, pour qu'ils puissent assister à l'ouverture : il la fera au jour indiqué, en leur présence ou « à leur défaut ; et si les paquets sont étrangers à la succession, il les leur remettra sans en faire connaître le contenu, ou les « cachettera de nouveau pour leur être remis à leur première réquisition. »

d'un agent diplomatique, consul ou vice-consul de France), il sera fait remise au gouverneur ou à l'agent français des originaux des testaments ou papiers trouvés à bord, quel que soit l'état dans lequel ils auront été trouvés.

Au retour du navire dans un port de France (d'armement ou autre), il sera fait remise au commissaire de l'inscription maritime des copies des testaments ou papiers trouvés à bord, non cachetés, ou de l'une des expéditions de l'inventaire, s'ils ont été trouvés cachetés.

6° *Si le navire n'a pas relâché dans une colonie française ou dans un pays étranger (résidence d'un agent français),* les originaux et les copies des testaments ou papiers, ou les originaux, s'il n'y a pas lieu d'en faire des copies, seront remis, dans le premier port de relâche de France, au commissaire de l'inscription maritime.

BATEAUX

DESTINÉS À LA PÊCHE { DU POISSON FRAIS, / DU SART *ou* GOËMON,

Ou CHALOUPES DES PILOTES.

Les dispositions qui précèdent ne sont point applicables :
1° Aux bateaux destinés à la pêche du poisson frais;
2° ——————————— du sart *ou* goëmon ;
3° Aux chaloupes des pilotes.
En conséquence, on aura, dans ce cas, à se conformer aux mesures suivantes :

1° Si des individus meurent à la mer (naturellement ou par événement) pendant cette courte navigation, leurs cadavres seront rapportés à terre le plus promptement possible, pour que l'identité en soit constatée, et que l'acte de décès soit dressé par l'officier de l'état civil de la commune dont dépend le port d'armement ou de relâche. (Voyez, page 4 de l'instruction, les articles 77 et 78 du Code civil.)

2° Les maîtres (ou patrons) auront, en outre, à appeler un officier de police lorsque les individus seront morts par suite d'événements ou de mort violente. (Voyez, page 4, l'article 81 du Code civil.)

3° Les maîtres (ou patrons) restent toujours soumis à l'obligation de rendre compte de l'événement au commissaire ou préposé de l'inscription maritime du port où ils aborderont.

4° Si un individu tombe à la mer et qu'il ne soit pas possible de le sauver, les maîtres (ou patrons) seront tenus, aussitôt après leur rentrée dans le premier port de l'Empire où ils aborderont, de se présenter immédiatement, avec tous les hommes de leur équipage, au bureau du commissaire ou préposé de l'inscription maritime, où ils rendront compte de l'événement et de ses circonstances.

5° Cet officier d'administration de la marine recevra alors les déclarations qui lui seront faites : il se conformera, à ce sujet, à ce que prescrit la présente instruction relativement à la disparition des individus embarqués. (Voyez page 14.)

6° Copie de cette déclaration sera, lorsqu'il y aura lieu, envoyée à l'administrateur du quartier du marin disparu.

7° Dans le cas où les bateaux ou chaloupes seraient contraints par le mauvais temps de se réfugier dans un port appartenant à une puissance étrangère, les maîtres (ou patrons) auront à s'adresser à l'agent diplomatique, consul ou vice-consul de France, qui dressera l'acte de décès ou le procès-verbal de disparition, et en donnera avis au commissaire du quartier où le bateau a été armé. En cas de relâche en pays étranger.

8° A défaut d'agent français (et lorsque les cadavres seront à bord), les maîtres (ou patrons) auront recours à l'autorité étrangère pour l'inhumation et la rédaction de l'acte de décès, et, à leur retour dans un port de France, ils feront leurs déclarations au commissaire ou préposé de l'inscription maritime, qui réclamera de cette autorité une expédition de l'acte de décès. S'il n'y a point d'agent français.

Si les individus ont disparu du bord pendant la navigation, les maîtres (ou patrons) se conformeront à ce qui a été prescrit par le quatrième (ou le septième) paragraphe ci-dessus, aussitôt après leur arrivée dans un port de France ou dans un port étranger résidence d'un agent français. Disparition des individus pendant la navigation.

9° Si, par suite de tempête ou de toute autre cause de force majeure, le bateau était forcé de tenir la mer au point qu'il fût impossible de conserver à bord le cadavre sans danger pour la santé de l'équipage, le maître (ou patron) dressera, à la suite du rôle d'équipage, en présence de tous les marins sous ses ordres, un acte de décès dans la forme déterminée par le modèle n° 9 (page 43), lequel acte sera signé par lui et par les gens de l'équipage sachant écrire et ayant au moins vingt et un ans; après quoi le cadavre sera jeté à la mer. Cas où le cadavre doit être jeté à la mer, acte à dresser à bord.

Dans le port français ou étranger où le bateau pourra aborder ensuite, le maître (ou patron) se présentera immédiatement, avec tout son équipage, au bureau du commissaire ou préposé de l'inscription maritime ou à la chancellerie de l'agent diplomatique, du consul ou du vice-consul de France, qui dressera procès-verbal des déclarations et se fera remettre deux expéditions de l'acte de décès dressé à bord : il se conformera, pour l'envoi de cet acte, aux dispositions de l'instruction (pages 10 et 11).

DISPOSITIONS GÉNÉRALES.

—————

. . . . Toutes les fois que les bâtiments de l'État pourront, sans inconvénient pour le service, communiquer avec les navires du commerce français, les commis d'administration de la marine embarqués, ou ceux qui en rempliront les fonctions, devront se transporter à bord de ces navires, et s'y faire représenter les rôles d'équipage à la suite desquels des actes de l'état civil auraient pu être dressés, afin de s'assurer que les officiers instrumentaires de ces navires n'ont omis dans la rédaction desdits actes aucune des formalités voulues; ils devront même les aider de leurs conseils si des actes de cette espèce devaient être dressés pendant la réunion des bâtiments de guerre et des navires du commerce.

La présente instruction ne recevra son exécution, à bord des navires du commerce, qu'à compter du 1er janvier 1829.

Chaque capitaine (maître ou patron) devra être pourvu d'un extrait imprimé de cette instruction, lequel comprendra les dispositions et les modèles qui peuvent le concerner.

Au moment de l'armement des navires du commerce, les commissaires de l'inscription maritime donneront aux capitaines (maîtres ou patrons) tous les renseignements qu'ils jugeront nécessaires pour leur faciliter la rédaction des actes qu'ils pourront être appelés à rédiger pendant les voyages de mer.

Ils devront examiner avec beaucoup d'attention les actes dont les expéditions leur seront remises lors des relâches, et rendront compte au Ministre des erreurs qui pourraient s'être glissées dans leur rédaction.

Le Ministre recommande à tous les officiers instrumentaires embarqués sur les navires du commerce d'apporter d'autant plus de soin dans la rédaction des actes de l'état civil, que les rectifications dont ces actes seraient reconnus susceptibles ne pourraient avoir lieu qu'en vertu d'un jugement, le Code civil renfermant à cet égard les dispositions suivantes :

ARTICLE 99 (livre Ier, titre II, chapitre VI). « Lorsque la rectification d'un acte de l'état « civil sera demandée, il y sera statué, sauf l'appel, par le tribunal compétent, et sur les « conclusions du procureur de la République Les parties intéressées seront appelées, s'il y a lieu. »

ARTICLE 100. « Le jugement de rectification ne pourra, dans aucun temps, être op-« posé aux parties intéressées qui ne l'auraient pas requis, ou qui n'y auraient pas été « appelées. »

ARTICLE 101. « Les jugements de rectification seront inscrits sur les registres par l'offi-« cier de l'état civil, aussitôt qu'ils lui auront été remis; et mention en sera faite en marge « de l'acte réformé. »

(Suivent les modèles.)

MODÈLES.

PREMIÈRE SECTION.

PROCÈS-VERBAUX

*à dresser à bord des navires du commerce (modèles F, G, M, N),
et qui ont rapport aux actes de l'état civil et aux testaments.*

[F]

AVIS

*de la naissance d'un enfant ou de la mort d'une personne embarquée,
à donner, soit à l'officier de l'état civil de la commune dont dépend
le port ou la rade, soit au président semainier de l'administration
sanitaire, toutes les fois qu'il y a possibilité de communiquer avec
la terre.*

L   du commerce *l*   du port d
tonneaux, appartenant à MM.   , et armé
a   (*port d'armement*).

(1) *Ou maître, ou patron.*
*En cas d'empêchement ou de mort,
porter :*
    Le (*grade*), remplissant à
    bord les fonctions de capitaine
    (*maître ou patron*) par suite de
    la mort ou (*cause de l'empêche-
    ment*) du titulaire.
(2) *L'officier de l'état civil de la
commune d . . . . . (c'est la commune
dont dépend le port ou la rade où est
mouillé (ou amarré) le navire ou le
bateau*);
    *Ou le président semainier de l'ad-
ministration sanitaire, remplissant
aussi les fonctions d'officier de l'état
civil.*

Le capitaine (1) dudit navire (*ou bateau*) mouillé (*ou amarré*) dans le
port (*ou dans la rade*) d

a l'honneur de prévenir Monsieur (2)

(3) *Prénoms et noms.*
(4) *En toutes lettres.*
(5) *Matin ou du soir.*

que
    Dame (*ou demoiselle*) (3)
est accouchée à bord, le (4) du courant, à (4) heures du (5),
d'un enfant du sexe (masculin *ou* féminin),
et qu'il a été donné connaissance aux parties intéressées des
obligations qui leur sont imposées par le Code civil pour faire
constater légalement la naissance de cet enfant.

1° S'il s'agit d'une
naissance.

(6) *Prénoms.*
(7) *Marié à* (3)
    Ou veuf d (3)
    Ou célibataire.
(8) *A défaut de la date de la naissance, indiquer l'âge.*
(9) *Si l'individu décédé était né à
Paris ou dans une des grandes villes de
l'Empire où il existe plusieurs arrondissements municipaux, rappeler,
autant que possible, le quartier ou la
rue qu'il habitait.*
(10) *Grade, profession à bord;
    Ou passager à bord.*

M (3)
fil   d (6)   et d (3)
(7)
né a   arrondissement d
département d   le (8)
domicilié, avant son embarquement, a (9)
arrondissement d   département d
(10)
est décédé, à bord, le (4) du courant, à (4) heure du (5).

2° S'il s'agit d'un
décès.

    A bord, le (4) du mois d   de l'an mil huit cent   (4).

[G]

PROCÈS-VERBAL

à dresser par le Capitaine (Maître ou Patron), pour constater le décès, à bord, d'un individu, lorsqu'il y aura des signes ou des indices de mort violente.

NOTA. Ce procès-verbal sera à dresser par ce capitaine (maître ou patron), à la mer et dans les pays étrangers où il n'existe pas d'agent français.

Dans les ports et rades de France, des colonies françaises et des pays étrangers où il existe des agents français, le capitaine (maître ou patron) aura à se conformer aux dispositions de l'article 81 du Code civil. (*Voyez page 4 de l'Instruction.*)

L   du commerce *l*   du port d
tonneaux, appartenant à MM.   , et armé
a   (*port d'armement*).

---

(1) *En toutes lettres.*
(2) *Matin ou du soir.*
(3) *Endroit, parage ou hauteur où se trouve le navire (ou le bateau). S'il est mouillé (ou amarré), indiquer le nom du port, de la rade, etc.*
(4) *Prénoms et nom.*
(5) *Grade au service.*
(6) *Ou (4, 5) embarqué sur l , et appelé dans l'ordre du service, à remplacer le capitaine (le maître ou le patron), celui-ci étant mort, ou attendu que celui-ci (cause de l'empêchement).*
(7) *Prénoms et noms; grades ou professions des personnes (ou de la personne) qui ont donné avis du décès.*
(8) *Fonction ou emploi à bord.*
(9) Officier de quart ou remplissant les fonctions d'officier de quart, etc.
(10) Chirurgien.
    NOTA. *S'il n'y a pas de chirurgien, porter :* et de M. (4, 5, 8), *à défaut de chirurgien à bord.*
(11) *Lieu du décès; Poste, chambre, etc.*
(12) *Nom.*
(13) *Transcrire littéralement sa déclaration sur la nature de l'événement qui a pu causer la mort.*
Si le ou les témoins inculpent des individus embarqués, indiquer exactement les prénoms et noms de ceux-ci, leurs grades et fonctions à bord.
(14) *Transcrire littéralement sa déclaration sur l'état du cadavre et les causes apparentes de la mort.*
(15) *Si les témoins ne savaient ou ne pouvaient pas signer, substituer à cette formule celle suivante :*
MM. (12) témoins, dont nous avons consigné ci-dessus les déclarations, ont dit ne savoir signer *ou* ne pouvoir signer, attendu (*cause de l'empêchement*);
Ou : MM. (12) autres témoins, dont nous avons consigné ci-dessus les déclarations, ont dit ne savoir signer ou ne pouvoir signer, etc.
(16) *En double expédition dans* es cas ordinaires;
Ou en triple expédition s'il y a des poursuites à exercer contre quelqu'un du bord. (Voyez page 10.)

CEJOURD'HUI le (1) du mois d   de l'an mil huit cent (1),
à (1) heure du (2), étant (3)
Nous (4)   (5)
capitaine (maître *ou* patron (6),

Averti par M (7)
que (4, 5)   (8)   , inscrit sur le rôle d'équipage,
venait de mourir,

Nous sommes transporté, accompagné d susnommé ; de M. (4),
(5)   (9)
et de M. (4)   (5)   (10)
(11) où nous avons trouvé un cadavre que nous avons tous bien reconnu pour être celui de (12)
Les témoins nous ont alors fait les déclarations suivantes :
Premier témoin : (12)   (13)
Second témoin : (12)   (13)
Examen fait du cadavre, le chirurgien a dit : *Nous déclarons, sur notre honneur et en notre âme et conscience, que* (14)   } S'il y a un chirurgien à bord.

A défaut de chirurgien, nous avons examiné le cadavre avec la plus scrupuleuse attention, et nous déclarons, sur notre honneur et en notre âme et conscience, que (13)   } S'il n'y a pas de chirurgien à bord.

En foi de quoi nous avons dressé le présent procès-verbal, qui, après lecture, a été signé par nous, par l (9), l (10), et par MM. (12) , témoins, dont nous avons consigné ci-dessus les déclarations (15).

L'une des expéditions dudit procès-verbal sera annexée au rôle d'équipage, et la seconde sera transmise (*ou* les deux dernières seront transmises), par nos soins, à qui de droit.

Fait à bord, en (16), les jour, mois et an que dessus.

NOTA. Ce procès-verbal sera transcrit, à sa date, par le capitaine (maître ou patron), sur le rôle d'équipage, à la suite des actes de l'état civil.

[M]

PROCÈS-VERBAL

d'inventaire à effets, valeurs, papiers, etc. trouvés dans les malles, sacs, etc.

des gens de l'équipage } *décédés à bord, disparus, etc.*
et des passagers }

à dresser par le Capitaine (Maître ou Patron).

L du commerce *l*   du port d

tonneaux, appartenant à MM.   , et armé

a (*port d'armement*).

CEJOURD'HUI le (1) du mois d   de l'an mil huit cent (1)

à (1) heure du (2), étant a (3)

Nous (4)

(5)   (6)

Averti par (7)

que le S^r (4)

(5)   (8)

(9)

inscrit sur le rôle d'équipage (10),

Nous sommes immédiatement transporté, avec le S^r (4)

(5 et 8)   (11)

(12)   où nous nous sommes fait représenter

les effets, hardes, etc. qui appartenaient audit (13)

Et ayant fait ouvrir, en présence de l'équipage (et, *s'il y a lieu*, des passagers), l (14) au nombre de (1) , nous y avons trouvé ce qui suit,

SAVOIR :

(15)

Nous avons fait ensuite renfermer les hardes et effets dans (16)

---

(1) *En toutes lettres.*

(2) Matin ou soir.

(3) *Endroit, parage ou hauteur où se trouve le navire. S'il est mouillé (ou amarré), indiquer le nom du port, de la rade, etc.*

(4) *Prénoms et nom.*

(5) *Grade au service.*

(6) Capitaine (*ou maître ou patron*) dudit navire (*ou bateau*).

Ou (4, 5) embarqué sur ledit navire (*ou bateau*), appelé dans l'ordre du service à remplir les fonctions de capitaine (*maître ou patron*), celui-ci étant mort, *ou* attendu que celui-ci (*cause de l'empêchement*).

(7) *Nom de la personne qui a donné l'avis du décès, de la disparition, etc.*

(8) *Fonction, emploi à bord; ou* passager à bord.

(9) *S'il y avait à bord, comme passagers, des officiers ou des marins incorporés dans les équipages de ligne, indiquer le numéro de l'équipage et de la compagnie auxquels appartenait le décédé ou le disparu.*

S'il y avait des officiers de terre ou des soldats, indiquer le numéro du régiment, du bataillon et de la compagnie du décédé, etc.

(10) Venait de mourir.

Ou avait disparu du bord (*cause de la disparition*).

(11) *C'est le marin qui vient immédiatement après le capitaine dans l'ordre du service ou après celui qui, d'après la note (6), doit remplacer ce capitaine.*

Si la personne décédée ou disparue a un ou plusieurs parents à bord, ajouter :

Et de M. (4, 5, 8), parent (*nom du décédé ou disparu*).

(12) *Lieu, poste, chambre, etc.*

(13) *Nom de la personne décédée, disparue, etc.*

(14) Malles, caisses, sacs, etc.

(15) *Écrire les nombres en toutes lettres; bien distinguer chaque effet ou objet, et l'état dans lequel il se trouve.*

S'il y a de l'argent, des bijoux, des effets de commerce, détailler exactement l'espèce des monnaies, la nature des valeurs, la forme des bijoux (en indiquant s'ils sont en or ou en argent), les dates, numéros, montant et signatures des effets de commerce, etc.

(16) Les nombres (14) qui les contenaient.

Ou dans (14), que nous nous sommes procurés à bord, ces effets, hardes, etc., ayant été trouvés en partie dans les meubles ou équipets de la chambre ou de la cabane, etc.

(17) Sur sa fermeture,
Ou sur la fermeture de chacun d (14).
Ou par-dessus les deux extrémités du cordage place en croix qui sert à 1 *fermer.*
(18) *Qualité et couleur de la toile.*
(19) Retenue avec de la cire (verte *ou* rouge), et aux quatre coins de laquelle bande nous avons apposé, sur de la cire de la même couleur, un cachet (*désignation du cachet*).
Dans le cas où il n'y aurait à bord ni cire ni autre matière propre à retenir cette bande de toile, on devra coudre ou clouer ladite bande; alors on substituera au paragraphe ci-dessus le suivant :
Qui, faute de cire ou de toute autre matière propre à la sceller, a été cousue (*ou* clouée sur 1 dit (14).
(20) *Nom de la commune.*
(21) Qu'il habitait avant son embarquement;
Ou de sa naissance, celui qu'il habitait avant son embarquement étant inconnu.
(22) Notre chambre *ou* dans (*désignation de l'endroit*), dont nous avons la clef.

(23) *S'il existait des objets qui ne fussent pas susceptibles d'être mis dans les malles, sacs, etc. les détailler ici, et indiquer le lieu où ils doivent être entreposés.*
(24) *Indications de l'armoire, du sac, etc.*
(25) Testament olographe et non cacheté;
Ou papier ou des papiers clos et scellés, qui nous ont paru pouvoir renfermer ou qui renferment un testament olographe.
(26) *Relater exactement les noms des principaux légataires (les plus proches parents), et le lieu de leur domicile.*
(27) *Dire si chaque pièce est dans un papier servant d'enveloppe, ou si le papier même sert d'enveloppe : dans l'un et l'autre cas, décrire la forme du cachet apposé sur la fermeture, la couleur de la matière et l'empreinte.*
A défaut de cire, relater les noms des personnes qui ont apposé leurs signatures sur la fermeture de chaque paquet.
(28) *Transcrire exactement l'acte de suscription; relater les signatures, etc.*

(29) *Noms et grades des personnes présentes, soit comme officiers instrumentaires, soit comme témoins.*
Si tous les témoins ou une partie des témoins ne savent ou ne peuvent pas signer, porter :
Et MM. (*noms*), témoins, ont dit ne savoir signer, ou ne pouvoir signer, attendu (*cause de l'empêchement*) ;
Ou : Et par MM.   témoins; MM.   , autres témoins, ont dit ne savoir signer, ou ne pouvoir signer attendu (*cause de l'empêchement*).

---

et nous avons appliqué (17)

une bande de toile (18)
(19)

et nous avons écrit sur ladite bande :

1° Les nom, prénoms, grade (*ou* profession) dudit (13)

2° Le nom d (20)   , situé dans l'arrondissement d département d   (21)

Ces formalités remplies, nous avons fait déposer 1   dit (14) dans (22); et nous prenons l'engagement de 1   remettre, à terre, au commissaire de l'inscription maritime, dans l'état où il   se trouve   , à moins d'événements de mer légalement constatés.

(23)   *Et, s'il y a lieu, on ajoutera :*

Indépendamment des objets décrits ci-dessus (*ou* de l'autre part), nous avons trouvé dans (24)   un (25)

Après avoir fait une copie littérale dudit testament olographe, et rempli à cet égard les formalités voulues par l'instruction du Ministre de la marine en date du 2 juillet 1828, nous déclarons :

1° Que le susdit testament et la susdite copie font mention (26)

2° Que l'une et l'autre pièce ont été closes et scellées séparément (27)

3° Que l'acte de suscription de chacune d'elles est ainsi conçu : (28)

> 1° Si le testament est ouvert et non cacheté.

Après avoir rempli les formalités voulues par l'instruction du Ministre de la marine, en date du 2 juillet 1828, nous déclarons que ce (25)   été trouvé   clos et scellé (27), et qu'il porte pour suscription ce qui suit (28) :

> 2° Si les papiers sont trouvés clos et cachetés.

Ce   (25)   été laissé   , dans l'état susdécrit, entre nos mains nous nous en reconnaissons bien et dûment chargé, et prenons l'engagement de 1   remettre à qui de droit.

Et tout ce que dessus contenant vérité, nous avons dressé le présent procès-verbal, pour servir et valoir ce que de raison; et ont signé avec nous, après lecture (29).

Fait à bord, en double expédition, les jour, mois et an que dessus.

Dans le cas où, crainte de contagion, tout ou partie des hardes devraient être jetées à la mer, on substituera à la formule du présent modèle celle du modèle N, page 33.

Ce procès-verbal sera transcrit à sa date sur le rôle d'équipage, avec les actes de l'état civil.

[N]

PROCÈS-VERBAL

*d'inventaire des effets, valeurs, papiers, etc. trouvés dans les malles,
caisses, sacs, etc. des individus embarqués, à quelque titre que ce
soit, décédés à bord par suite de maladies contagieuses;
à dresser par le Capitaine (Maître ou Patron).*

Nota. Dans ce cas, cette formule est à substituer à celle qui précède (modèle M).

L   du commerce *l*   du port de
tonneaux, appartenant à **MM.**   et   à *(port d'armement)*.

(1) *En toutes lettres.*
(2) *Matin ou du soir.*
(3) *Endroit, parage ou hauteur où s trouve le navire. S'il est mouillé (ou amarré), indiquer le nom du port, de la rade, etc.*
(4) *Prénoms et noms.*
(5) *Grade au service.*
(6) *Capitaine (maître ou patron) dudit navire (ou bateau).*
Ou (4-5) embarqué sur ledit navire (ou bateau), appelé, dans l'ordre du service, à remplir les fonctions du capitaine (maître ou patron), celui-ci étant mort; ou attendu (cause de l'empêchement).
(7) *Nom de la personne qui a donné l'avis du décès, de la disparition, etc.*
(8) *Fonction, emploi à bord, ou passager à bord.*
(9) *S'il y avait à bord comme passagers des officiers ou des marins incorporés dans les équipages de ligne, indiquer le numéro de l'équipage et de la compagnie auxquels appartenait le décédé ou le disparu.*
S'il y avait des officiers de terre ou des soldats, indiquer le numéro du régiment, du bataillon et de la compagnie.

Cejourd'hui le (1)   du mois d   de l'an
mil huit cent (1)   , à (1)   heure   du (2)
étant averti à (3)

Nous (4)   (5)   (6)

par (7)
que le Sr (4)
(5)   (8)
(9)
inscrit sur le rôle d'équipage, venait de mourir à bord, par suite d (*genre de maladie*)

M. (4)   chirurgien, consulté à ce sujet,
ayant déclaré que cette maladie était contagieuse et qu'il
serait dangereux de conserver à bord les hardes que ledit
(10)   avait sur lui ou auprès de lui
au moment de son décès.

S'il existe un chirurgien à bord.

Ayant, à défaut de chirurgien, consulté, à ce sujet, le
Sr (4, 5, 8)   et le Sr (4, 5, 8)
les deux plus anciens marins du navire, ils ont été, ainsi que
nous, d'avis que, cette maladie pouvant être contagieuse,
il ne convenait pas de conserver à bord les hardes que ledit
(10)   avait sur lui ou auprès de lui
au moment de son décès.

S'il n'existe pas de chirurgien à bord.

(10) *Nom de la personne décédée.*

(11) *Chirurgien,*
Ou des deux marins susnommés.
(12) *Lieu ou endroit d'où les effets ont été jetés.*

En conséquence, et après avoir pris toutes les précautions nécessaires,
nous avons, en présence de (11)   et de l'équipage
(et, *s'il y a lieu*, *des passagers*), fait jeter à la mer par (12)
les effets dont le détail suit, nous étant préalablement assuré qu'aucun d'eux
ne contenait ni argent, ni bijoux ou papiers,

SAVOIR :

SAVOIR :

(13) *Détailler, aussi exactement que possible, les effets jetés; s'ils appartenaient à un marin ou à un soldat, dire s'ils sont de tenue.*

(13)

Cette opération terminée, nous nous sommes immédiatement transporté

(14) Lieu, poste, chambre, etc.

(14) , où nous nous sommes fait représenter les autres effets, hardes, etc. qui appartenaient audit (10)

Et ayant fait ouvrir, en présence de l'équipage (et, *s'il y a lieu*, des passagers), les (15)

(15) Malles, caisses, sacs, etc.

au nombre de (1) , nous y avons trouvé ce qui suit,

SAVOIR :

(16) *Écrire les nombres en toutes lettres; bien désigner chaque effet ou objet, et l'état dans lequel il se trouve.*
S'il y a de l'argent, des bijoux, des effets de commerce, détailler exactement l'espèce des monnaies, la nature des valeurs, la forme des bijoux (en indiquant s'ils sont en or ou en argent), les dates, numéros, montant et signatures des effets de commerce, etc.

(16)

(17) Le (*nombre*) (15) qui les contenaient;
Ou dans (15), que nous nous sommes procurés à bord, ces effets, hardes, etc. ayant été trouvés en partie dans les meubles ou équipets de la chambre *ou* de la cabane, etc.

Nous avons fait ensuite renfermer les hardes et les effets dans (17)

(18) Sur sa fermeture;
Ou sur la fermeture de chacun d (15);
Ou par-dessus les deux extrémités du cordage placé en croix qui sert à l fermer.

et nous avons appliqué (18)

(19) *Qualité et couleur de la toile.*

(20) Retenue avec de la cire (verte ou rouge), et aux quatre coins de laquelle bande nous avons apposé, sur la cire de la même couleur, un cachet *(désignation du cachet).*
Dans le cas où il n'y aurait à bord ni cire, ni autre matière propre à retenir cette bande de toile, on devra coudre ou clouer ladite bande; alors on substituera au paragraphe ci-dessus le suivant :
Qui, faute de cire ou de toute autre matière propre à la sceller, a été cousue (ou clouée) sur l dit (15).

une bande de toile (19)
(20)

(21) *Nom de la commune.*

(22) Qu'il habitait avant son embarquement;
Ou de sa naissance, celui qu'il habitait avant son embarquement étant inconnu.

(23) *Dans notre chambre ou dans (désignation de l'endroit), dont nous avons la clef.*

(24) *S'il existait des objets qui ne fussent pas susceptibles d'être mis dans les malles, sacs, etc. les détailler ici, et indiquer le lieu où ils doivent être entreposés.*

et nous avons écrit sur ladite bande :

1° Les noms, prénoms, grades (*ou* profession) dudit (10)

2° Le nom d (21) , situé dans l'arrondissement d département d (22)

Ces formalités remplies, nous avons fait déposer l dit (15) dans (23) et nous prenons l'engagement de l remettre, à terre, au commissaire de l'inscription maritime, dans l'état où ils se trouvent, à moins d'événements de mer légalement constatés.

(24)

Et, s'il y a lieu, on ajoutera :

Indépendamment des objets décrits de l'autre part (*ou* ci-dessus), nous avons trouvé dans (25)   un (26)

Après avoir fait une copie littérale dudit testament olographe, et rempli à cet égard les formalités voulues par l'instruction du Ministre de la marine en date du 2 juillet 1828, nous déclarons,

1° Que le susdit testament et la susdite copie font mention (27)

2° Que l'une et l'autre pièce ont été closes et scellées séparément (28)

> 1° Si le testament est ouvert et non cacheté.

3° Que l'acte de suscription de chacune d'elles est ainsi conçu (29) :

————

Après avoir rempli les formalités voulues par l'instruction du Ministre de la marine en date du 2 juillet 1828, nous déclarons que ce (26)   été trouvé clos et scellé (28), et qu'il porte pour suscription ce qui suit : (29)

> 2° Si les papiers sont trouvés clos et cachetés.

————

Ce   (26)   été laissé   , dans l'état susdécrit, entre nos mains ; nous nous en reconnaissons bien et dûment chargé, et prenons l'engagement de l remettre à qui de droit.

Et tout ce que dessus contenant vérité, nous avons dressé le présent procès-verbal, pour servir et valoir ce que de raison ; et ont signé avec nous, après lecture (30),

Fait à bord, en double expédition, les jour, mois et an que dessus.

Nota. Le présent procès-verbal sera transcrit à sa date sur le rôle d'équipage, avec les actes de l'état civil.

Notes marginales :

25) *Indication du meuble, de l'armoire, du sac, etc.*

(26) **Testament olographe et non cacheté ;**
Ou papier ou des papiers clos et scellés qui nous ont paru pouvoir renfermer, *ou* qui renferment un testament olographe.

(27) *Relater exactement les noms des principaux légataires (les plus proches parents), et le lieu de leur domicile.*

(28) *Dire si chaque pièce est dans un papier servant d'enveloppe, ou si le papier même sert d'enveloppe ; dans l'un et l'autre cas, décrire la forme du cachet apposé sur la fermeture, la couleur de la matière et l'empreinte.*
A défaut de cire, relater les noms des personnes qui ont apposé leurs signatures sur la fermeture de chaque paquet.

(29) *Transcrire exactement l'acte de suscription ; relater les signatures, etc.*

(30) *Noms et grades des personnes présentes, soit comme officiers instrumentaires, soit comme témoins.*
Si quelques-uns des témoins ne savent ou ne peuvent pas signer, porter :
et MM.   , autres témoins, ont dit ne savoir signer, ou ne pouvoir signer, attendu (*cause de l'empêchement*).

DEUXIÈME SECTION.

ÉTAT CIVIL.

Actes de naissance, de reconnais-
sance d'enfants naturels et de dé-
cès; Acte pour constater qu'un } Modèles n°s 7 à 11.
enfant a été présenté sans vie, et
Procès-verbaux de disparition.

NOTES.

Tous ces actes sont à inscrire à la suite des rôles d'équipage des navires.

Les officiers instrumentaires n'ont à en remettre des expéditions (*et seulement pendant que les navires sont armés*) que dans les cas prévus par l'instruction (pages 10, 11, 14 et 15), laquelle indique la destination qu'ils doivent donner à ces expéditions.

Après avoir relaté au bas de chaque expédition les signatures,

1° Des personnes qui ont concouru à la rédaction de l'acte,

2° Des parties intéressées,

3° Des témoins,

les officiers instrumentaires des navires du commerce certifieront la conformité de l'expédition avec l'acte même, de la manière suivante :

Pour expédition conforme à (1)   inscrit à la suite du rôle d'équipage dudit navire (folio   ), laquelle a été délivrée par nous (*nom et prénoms et grade au service*), capitaine de ce navire (2), pour être déposée au bureau de l'inscription maritime du port (*ou de la colonie d*
     ), *ou* à la chancellerie du consulat de France, à (*nom du pays*).

---

(1) L'acte de naissance,—l'acte de reconnaissance, — l'acte de décès, — l'acte constatant qu'un enfant a été présenté sans vie,— au procès verbal de disparition.

(2) *Si le capitaine, le maître ou le patron est mort ou empêché, suivre ce qu'indiquent les notes des modèles ci-après , n°s 7 à 11, pages 38 à 47.*

4

[N° 7.]

ACTE DE NAISSANCE

*à dresser pendant un voyage de mer, conformément à l'article 59
(livre Ier, titre II, chapitre II) du Code civil.*

NOTA. Cet acte doit être rédigé à bord *dans les vingt-quatre heures qui suivent
la naissance.* (Même article.)

CEJOURD'HUI le (1) du mois d   de l'an mil huit cent (1)
à (1) heure   du (2), étant à (3)

Par-devant nous (4)

(5)

capitaine (maître *ou* patron), (6)

d   l   du port d

tonneaux, appartenant à MM.   , et armé à

et remplissant à bord les fonctions d'officier de l'état civil, en vertu de l'article 59 (livre Ier, titre II, chapitre II) du Code civil ;

A comparu (4)   (5)   , âgé de (1)   ans, domicilié, avant son embarquement, à   (7), arrondissement d
département d

(1) *En toutes lettres.*
(2) *Matin ou du soir.*
(3) *Endroit, parage ou hauteur où se trouve le navire; s'il est mouillé, indiquer le nom du port, de la rade, etc.
Si le navire est mouillé sur une rade, et qu'il ne puisse ou ne doive pas communiquer avec la terre, ajouter:*
Étant en relâche forcée, par suite de mauvais temps ou d'avaries, ou de la présence de l'ennemi, mais ne pouvant communiquer avec la terre (parce que le navire appareillera incessamment, ou par l'effet de ce mauvais temps), ou étant empêché, par l'effet du mauvais temps, de communiquer en ce moment avec la terre.
Si le navire est dans un pays étranger où il n'existe pas d'agent français, remplacer le paragraphe précédent par celui-ci :
Où il n'existe pas d'agent français.
(*Voy. page 5 de l'Instruction.*)
(4) *Prénoms et nom.*
(5) *Grade au service, profession, etc.*
(6) *Ou* (4, 5), appelé, dans l'ordre du service, à remplacer M. (4), capitaine (maître ou patron) d
qui est mort ou (*cause de l'empêchement*), ou M. (4, 5), qui remplit les fonctions de capitaine (maître ou patron), attendu   , ledit
n'ayant pas l'âge voulu par la loi pour exercer les fonctions d'officier instrumentaire.
NOTA. *Si l'enfant appartenait à l'officier instrumentaire, l'acte serait à dresser par la personne qui doit le remplacer en cas de maladie.
Dans cette hypothèse, on fera mention de cette circonstance dans l'acte de la manière suivante :*
Appelé, dans l'ordre du service, à remplacer M.   , qui est le père de l'enfant, etc.
(7) *Si c'est un officier ou un passager, le lieu qu'il indiquera;
Si c'est un marin, le nom du quartier où il est inscrit en cette qualité;
Si c'est un militaire, le lieu du domicile habituel de sa femme.
Dans le cas où le déclarant serait le père de l'enfant, et s'il demeurait, avant son embarquement, à Paris ou dans une des grandes villes où il existe plusieurs arrondissements municipaux, rappeler, autant que possible, le nom de la rue ou du quartier qu'il habitait, afin de procurer les moyens de faire parvenir plus sûrement l'acte de naissance de l'enfant légitime ou naturel à l'officier de l'état civil de l'arrondissement indiqué par le père.*

(8) Masculin ou féminin.

(0) Hier ou aujourd'hui.

(10) *Prénoms et nom, âge et profession de la mère.*

Lequel nous a présenté un enfant du sexe (8)
né, à bord, (9)   à (1)   heure
du (2)   , de lui déclarant et de (10)

son épouse, passagère, et auquel il a déclaré vouloir donner le prénom (*ou* les prénoms) d (11)

ENFANT LÉGITIME.

—

(11) *Prénoms donnés à l'enfant.*

NOTA. *Les noms en usage dans les différents calendriers et ceux des personnages connus de l'histoire ancienne peuvent seuls être reçus comme prénoms sur les registres de l'état civil destinés à constater la naissance des enfants, et il est interdit aux officiers publics d'en admettre aucun autre dans leurs actes. (Art. 1er de la loi du 1er avril 1803 [11 germinal an XI].)*

lesdites déclaration et présentation faites en présence d (12)

1° Déclaration faite par le père.

(12) *Prénoms, noms, âge, grades ou professions et domiciles (avant leur embarquement) des deux témoins, qui doivent être pris parmi les officiers du navire, ou, à leur défaut, parmi les hommes de l'équipage (article 59, page 7).*
S'il n'y a qu'un officier qui, d'après son âge, puisse servir de témoin, ajouter après les prénoms, nom, grade, etc. du témoin pris parmi l'équipage à défaut d'un second officier :
A défaut d'un second officier à bord ayant l'âge requis par la loi ;
Ou s'il n'y a pas d'officier à bord, ou s'il n'y en a pas d'assez âgés :
Témoins pris tous deux parmi les gens de l'équipage, à défaut d'officiers à bord, ou à défaut d'officiers ayant l'âge requis par la loi. (*Voyez page 8 de l'Instruction.*)

Lequel nous a déclaré que (9)   , à (1) heure
du (2), est né, à bord, un enfant du sexe (8)
qu'il nous a présenté, et auquel il a déclaré donner le
prénom (*ou* les prénoms) d (11)
lequel enfant est né de (10)   , passagère,
demeurant, avant son embarquement, à (7)
arrondissement d   , département d
(13)

(13) Épouse d
    (*Prénoms, nom, profession et domicile du mari.*)
Ou veuve d   (*prénoms, nom, profession du mari*), décédé à
          , arrondissement d
département d

lesdites déclaration et présentation faites en présence de (12)

2° Déclaration faite par tout autre que le père.

Lequel nous a déclaré que (9)   , à (1)
heure   du (2)   , est né, à bord, un enfant du sexe
(8)   qu'il nous a présenté, et auquel il a déclaré
donner le (*ou* les prénoms) de (11)

se reconnaissant pour être le père de cet enfant, et l'avoir
eu de (10)

passagère, demeurant, avant son embarquement, à
          , arrondissement d   , département
d

lesdites déclaration et présentation faites en présence
de (12)

Lequel nous a déclaré que demoiselle (10)

passagère, demeurant, avant son embarquement, à (14)
arrondissement d   , département d

est accouchée, à bord, (9)   , à (1)   heure
du (2)   d'un enfant du sexe (8)
qu'il nous a présenté, et auquel est donné le prénom (*ou*
sont donnés les prénoms) de (11)

lesdites déclaration et présentation faites en présence
de (12)

(14) *Indiquer aussi le nom de la rue et du quartier, et le numéro de la maison qu'habitait la mère.*

En foi de quoi nous avons dressé, à la suite du rôle d'équipage dudit
navire, le présent acte de naissance, qui a été signé, après lecture (15),
par nous et par (16)

(15) *Voyez l'article 38 du Code civil (page 9).*
(16) *Si le déclarant ou les témoins ou l'un d'eux) ne savaient ou ne pouvaient pas signer, porter:*
Par les deux témoins, le déclarant ayant dit ne savoir écrire ni signer *ou* ne pouvoir signer, attendu (*cause de l'empêchement*) ;
Ou le déclarant et par un des témoins; M.
second témoin, ayant dit ne savoir, etc.
Ou : le déclarant, les deux émoins ayant dit, etc.

A bord, les jour, mois et an que ci-dessus.

NOTA. Les expéditions de cet acte à remettre à terre (*art. 60 du Code civil, p. 10*) seront transcrites sur des feuilles imprimées qui seront délivrées à cet effet à l'officier instrumentaire au départ du navire.

[N° 8.]

ACTE DE RECONNAISSANCE

*d'un enfant naturel, NÉ ou À NAÎTRE, à dresser pendant
un voyage de mer.*

NOTA. L'acte pour un enfant NÉ ne peut être dressé que lorsque la reconnaissance n'a pas été faite dans l'acte de naissance dudit enfant.

---

(1) *En toutes lettres.*
(2) *Matin ou du soir.*
(3) *Endroit, parage ou hauteur où se trouve le navire; s'il est mouillé, indiquer le nom du port, de la rade, etc.*
Si le navire est mouillé sur une rade, et qu'il ne puisse ou ne doive pas communiquer avec la terre, ajouter:

Étant en relâche forcée, par suite de mauvais temps *ou d'a-varies, ou de la présence de l'ennemi, mais ne pouvant communiquer avec la terre (soit parce que le navire appareillera incessamment, ou par l'effet de ce mauvais temps), ou étant empêché, par l'effet du mauvais temps, de communiquer en ce moment avec la terre.*
Si le navire est dans un pays étranger où il n'existe pas d'agent français, remplacer le paragraphe précédent par celui-ci :

Où il n'existe pas d'agent français.
(*Voy. page 5 de l'Instruction.*)

(4) *Prénoms et nom.*
(5) *Grade au service.*
(6) *On (4, 5) appelé, dans l'ordre du service, à remplacer M. (4), capitaine (maître ou patron) d qui est mort ou (cause de l'empêchement), ou M. (4, 5), qui remplit les fonctions de capitaine (maître ou patron), attendu , ledit n'ayant pas l'âge requis par la loi pour exercer les fonctions d'officier instrumentaire.*

NOTA. *Si l'enfant appartenait à l'officier instrumentaire, l'acte serait à dresser par la personne qui doit le remplacer en cas de mort ou d'empêchement.*
Dans cette hypothèse, on fera mention de cette circonstance dans l'acte de la manière suivante :
Appelé dans l'ordre du service à remplacer M. qui est le père de l'enfant, etc.

(7) *Profession, emploi à bord du père;*
On profession de la mère, passagère à bord.
(8) *Si c'est un officier ou un passager, le lieu qu'il indiquera ;*
Si c'est un marin, le nom du quartier où il est inscrit en cette qualité;
Si c'est un militaire, le lieu du domicile habituel de ses père et mère.

CEJOURD'HUI le (1) du mois d de l'an mil huit cent (1) à (1) heure du (2) , étant à (3)

Par-devant nous (4) (5) capitaine (maître ou patron) (6)
d   l   du port de   tonneaux,
appartenant à MM.   , et armé a
et remplissant à bord les fonctions d'officier de l'état civil,

A comparu (4) (5) (7) , âgé de (1) ans,
né à   , arrondissement d   , département
d   , domicilié avant son embarquement, à   (8)
arrondissement d   département d   ; lequel,

(42)

(9) *Prénoms, noms, âges, grades ou professions et domicile (avant leur embarquement) des deux témoins, qui doivent être pris parmi les officiers du navire, ou à défaut parmi les hommes de l'équipage.*

S'il n'y a qu'un officier qui, d'après son âge, puisse servir de témoin, ajouter après les prénoms, nom, grade, etc. du témoin pris parmi l'équipage à défaut d'un second officier :

A défaut d'un second officier à bord ayant l'âge requis par la loi.

Ou, s'il n'y a pas d'officiers à bord, ou s'il n'y en a pas d'assez âgés :

Témoins pris tous deux parmi les gens de l'équipage, à défaut d'officiers à bord ; ou à défaut d'officiers ayant l'âge requis par la loi. (*Voyez page 8 de l'Instruction.*)

(10) Son fils ou sa fille.
(11) *Prénoms et nom donnés à l'enfant dans son acte de naissance.*
(12) *Nom de la mère.*

(13) De père et mère inconnus.
Ou de (prénoms, nom, etc. portés dans l'acte de naissance de l'enfant), comme le déclare la comparante.

(14) De ladite demoiselle (12) et de père inconnu ;
Ou dudit S^r , et de mère inconnue,
Ou de père et mère inconnus.
(15) Que porte en ce moment dans son sein,
Ou dont doit être accouchée en un moment.
(16) *Si la mère de l'enfant réside à Paris, ou dans une des grandes villes où il existe plusieurs arrondissements municipaux, indiquer, autant que possible, le nom de la rue ou du quartier qu'elle habite, afin de procurer les moyens de faire parvenir plus sûrement à l'officier de l'état civil l'acte de reconnaissance qu'il doit inscrire sur ses registres.*
(17) *Voyez l'article 38 du Code civil (page 9).*
(18) Le comparant ou la comparante, ou les comparants, et les témoins.
Si les uns ou les autres ne pouvaient écrire ou signer, porter :
Le comparant ou la comparante, et par l'un des témoins, M. , second témoin, ayant dit ne savoir écrire ni signer, ou ne pouvoir signer, attendu (*cause de l'empêchement*) ;
Ou les deux témoins ayant dit ne savoir, etc.
Ou les deux témoins, le comparant ou la comparante ayant dit ne savoir, etc.

en présence de (9) , témoins, a, par ces présentes, reconnu volontairement et librement pour s (10) naturel (*ou naturelle*), (11)

né de lui et de demoiselle (4) demeurant à , arrondissement d , département d , le (1) du mois d de l'an mil huit cent (1) , et inscrit aux registres de l'état civil de la commune d , arrondissement d , département d , à la date du , comme étant né de ladite demoiselle (12) et de père inconnu.

1° Par le père.

---

né le (1) du mois d de l'an mil huit cent (1) et inscrit aux registres de l'état civil de la commune d , arrondissement d , département d , à la date du comme étant né (13)

2° Par la mère.

Ont comparu (4) (5) (7) âgé de (1) ans, domicilié, avant son embarquement, à (8), arrondissement d , département d ; et demoiselle (4) , passagère à bord, demeurant, avant son embarquement, à (8) , arrondissement d , département d lesquels, n'étant point engagés dans le mariage, ont, en présence (9) témoins, déclaré reconnaître volontairement et librement pour leur (10) naturel (*ou naturelle*) (11) , né le (1) , et inscrit aux registres de l'état civil de la commune d , arrondissement d , département d à la date du , comme étant né d (14)

Reconnaissance faite par le père et la mère.

A comparu (4) (5) (7) âgé de (1) ans, domicilié, avant son embarquement, à (8) , arrondissement d , département d , lequel, en présence d (9) témoins, a déclaré reconnaître volontairement et librement pour son enfant naturel celui (15) demoiselle (4, 7) demeurant à (16) , arrondissement d département d

Reconnaissance d'un enfant à naître.

En foi de quoi nous avons dressé, à la suite du rôle d'équipage dudit navire, le présent acte, qui a été signé, après lecture (17), par nous et par (18)

A bord, les jour, mois et an que dessus.

[N° 9.]

ACTE DE DÉCÈS

*à dresser pendant un voyage de mer, conformément à l'article 86
(livre Ier, titre II, chapitre IV) du Code civil.*

Nota. Cet acte n'est à dresser à bord que lorsque l'identité du cadavre peut y
être constatée.

Il est alors à rédiger *dans les vingt-quatre heures qui suivent le décès* (article 86
du Code civil).

---

(1) En toutes lettres.
(2) Matin ou du soir.
(3) Endroit, parage ou hauteur où se trouve le navire. S'il est mouillé, indiquer le nom du port, de la rade, etc.

Si le navire est mouillé sur une rade, et qu'il ne puisse ou ne doive pas communiquer avec la terre, ajouter :

Étant en relâche forcée, par suite de mauvais temps ou d'avaries, *ou* de la présence de l'ennemi, mais ne pouvant communiquer avec la terre (soit parce que le navire appareillera incessamment, ou par l'effet de ce mauvais temps), *ou* étant empêché, par l'effet de ce mauvais temps, de communiquer en ce moment avec la terre.

Si le navire est dans un pays étranger où il n'existe pas d'agent français, remplacer le paragraphe précédent par celui-ci :

Où il n'existe pas d'agent français.

(Voy. p. 5 de l'Instruction.)

(4) Prénoms et nom.
(5) Grade au service.
(6) Ou (4, 5) appelé, dans l'ordre du service, à remplacer M. (4), capitaine (maître ou patron) dudit navire; qui est mort, ou (*cause de l'empêchement*), ou M. (4, 5) qui remplit les fonctions de capitaine, maître ou patron, attendu   ,ledit   n'ayant pas l'âge voulu par la loi pour exercer les fonctions d'officier instrumentaire.

Nota. Si l'enfant appartenait à l'officier instrumentaire, l'acte serait à dresser par la personne qui doit le remplacer en cas de mort ou d'empêchement.
Dans cette hypothèse, on fera mention de cette circonstance dans l'acte de la manière suivante :
Appelé dans l'ordre du service à remplacer M.   , qui est le père de l'enfant, etc.

(7) Prénoms, noms, âge, grades ou professions et domiciles (*avant leur embarquement*) des deux témoins, qui doivent être pris parmi les officiers du navire, ou, à défaut, parmi les hommes de l'équipage.

S'il n'y a qu'un officier qui, d'après son âge, puisse servir de témoin, ajouter après les prénoms, nom, grade, etc. du témoin pris dans l'équipage, à défaut d'un second officier :

A défaut d'un second officier à bord ayant l'âge requis par la loi.

Ou, s'il n'y a pas d'officiers à bord, ou s'il n'y en a pas d'assez âgés :

Témoins pris tous deux parmi les gens de l'équipage, à défaut d'officiers à bord; ou à défaut d'officiers ayant l'âge requis par la loi. (*Voyez page 8 de l'Instruction.*)

(8) Si c'est un officier, le lieu qu'il indiquera;
Si c'est un marin, le nom du quartier où il est inscrit en cette qualité;
Si c'est un militaire, le lieu du domicile habituel de sa femme, s'il est marié; ou de ses père et mère, s'il est célibataire.

CEJOURD'HUI le (1) du mois d   de l'an mil huit cent (1),
à (1) heure   du (2), étant à (3)

Nous (4)   (5)   capitaine (maître ou patron)
(6)   l
du port de   tonneaux, appartenant à MM.
et armé à   , et remplissant à bord les fonctions
d'officier de l'état civil, en vertu de l'article 86 (livre Ier, titre II, chapitre IV)
du Code civil;

En présence de M. (7)   , âgé de (1) ans,
domicilié, avant son embarquement, à (8)   , arrondissement d
département d
Et M. (7)   , âgé de   (1) ans, domicilié, avant son
embarquement, à (8)   , arrondissement d
département d
appelés comme témoins,

déclarons et attestons, après avoir constaté l'identité du cadavre, que (4-5)
fils de   (ou de feu))
et de   (ou de feu))   Nota. Indiquer, autant que possible, leur profession et
né le   leur domicile.
à   mil huit cent (1)
à   arrondissement d
département d

(9) *Si l'individu décédé demeurait, avant son embarquement, à Paris ou dans une des grandes villes où il existe plusieurs arrondissements municipaux, rappeler, autant que possible, le quartier ou la rue qu'il habitait, afin de procurer les moyens de faire parvenir plus sûrement à l'officier de l'état civil l'acte de décès, que celui-ci doit inscrire sur ses registres.*

(10) *Célibataire, ou marié à (4) ou veuf d (4)*

(11) *Si c'est un officier, un élève de la marine ou un marin incorporé, indiquer le numéro de l'équipage de ligne et de la compagnie; si c'est un militaire, le numéro du régiment, du bataillon et de la compagnie.*

(12) *Ne point indiquer la cause ou le genre de la mort. (Voyez page 9 de l'Instruction.*

(13) *Hier ou aujourd'hui.*

(14) *Voyez l'article 38 du Code civil (page 9).*

(15) *Si l'un des témoins ou les deux témoins ne savaient ou ne pouvaient pas signer, porter :*

Et par l'un des témoins, M. ayant déclaré ne savoir écrire ni signer, ou ne pouvoir signer, attendu (cause de l'empêchement);

Ou les deux témoins ayant déclaré ne savoir écrire ni signer ou ne pouvoir signer, attendu (cause de l'empêchement).

domicilié, avant son embarquement, à (9)

arrondissement d , département d

(10)

inscrit au quartier de f° n°

et sur le rôle d'équipage en qualité de

(11)

est décédé à bord (12)

(13) , à (1) heure du (2)

En foi de quoi nous avons dressé, à la suite du rôle d'équipage dudit navire, le présent acte de décès (14), qui a été signé, après lecture, par nous et (15)

A bord, les jour, mois et an que dessus.

Nota. Les expéditions de cet acte, à remettre à terre (*article 87 du Code civil, page 10*), seront transcrites sur des feuilles imprimées qui seront délivrées à cet effet à l'officier instrumentaire, au départ du navire. (V. page 16.)

[N° 10.]

ACTE

*à dresser, pendant un voyage de mer, pour constater qu'un Enfant,
dont la naissance n'a pas été enregistrée, a été présenté sans vie.
(Décret du 4 juillet 1806.)*

(1) *En toutes lettres.*

(2) *Matin ou soir.*

(3) *Endroit, parage ou hauteur où se trouve le navire; s'il est mouillé, indiquer le nom du port ou de la rade.*

Si le navire est mouillé sur une rade, ou qu'il ne puisse ou ne doive pas communiquer avec la terre, ajouter:

Étant en relâche forcée, par suite de mauvais temps ou d'avaries, ou de la présence de l'ennemi, mais ne pouvant communiquer avec la terre (parce que le navire appareillera incessamment, ou par l'effet de ce mauvais temps), ou étant empêché par l'effet du mauvais temps de communiquer en ce moment avec la terre.

Si le navire est dans un pays étranger où il n'existe pas d'agents français, remplacer le paragraphe précédent par celui-ci:

Où il n'existe pas d'agent français.

(*Voyez page 5 de l'Instruction.*)

(4) *Prénoms et noms.*

(5) *Grade au service.*

(6) Ou (4, 5) appelé, dans l'ordre du service, à remplacer M. (4), capitaine (maître *ou* patron), qui est mort, ou (*cause de l'empêchement*), ou M. (4, 5), qui remplit les fonctions de capitaine (maître ou patron), attendu , ledit n'ayant pas l'âge requis par la loi pour exercer les fonctions d'officier instrumentaire.

Nota. *Si l'enfant appartenait à l'officier instrumentaire, l'acte serait à dresser par la personne qui doit le remplacer en cas de mort ou d'empêchement.*

Dans cette hypothèse, on fera mention de cette circonstance dans l'acte de la manière suivante:

Appelé, dans l'ordre du service, à remplacer M.   , qui est le père de l'enfant, etc.

(7) *Si c'est un officier ou un passager, le lieu qu'il indiquera;*

Si c'est un marin, le nom du quartier où il est inscrit en cette qualité;

Si c'est un militaire, le lieu du domicile habituel de sa femme.

Dans le cas où le déclarant serait le père de l'enfant, et s'il demeurait, avant son embarquement, à Paris ou dans une des grandes villes où il existe plusieurs arrondissements municipaux, rappeler, autant que possible, le nom de la rue ou du quartier qu'il habitait, afin de procurer les moyens de faire parvenir plus sûrement l'acte à l'officier de l'état civil de l'arrondissement indiqué par le père.

CEJOURD'HUI le (1)   du mois d   de l'an mil huit cent   (1)
à (1)   heure du (2)   , étant à   (3)

Par-devant nous (4)   (5) capitaine (maître *ou* patron)
(6)
d   l   du port d
onneaux, appartenant à MM.   , et armé à

remplissant à bord les fonctions d'officier de l'état civil,

A comparu (4)   (5)   , Âgé d (1)   ans   , domicilié
avant son embarquement, à (7)   , arrondissement d
département d

lequel, en présence d (8)

témoins, nous a présenté sans vie un enfant du sexe (9) et nous a déclaré que

1° Si le père est présent.

Son épouse (10) passagère à bord, y est accouchée de cet enfant, qui est sorti du sein de sa mère le (1)   du mois d   de l'an mil huit cent (1)   , à (1)   heure du (2)

2° Si le père est absent ou mort.

Dame (10)   , passagère à bord, demeurant, avant son embarquement, à (7)   , arrondissem^t d   , département d   , femme légitime d (4)   (11)   , y est accouchée de cet enfant, qui est sorti du sein de sa mère le (1)   du mois de   de l'an mil huit cent (1)   à (1)   heure du (2)

3° Si c'est un enfant naturel.

Demoiselle (10)   , passagère à bord, demeurant, avant son embarquement, à (7)   , arrondissement d   département d   , y est accouchée de cet enfant, qui est sorti du sein de sa mère le (1)   du mois d   de l'an mil huit cent (1)   à (1)   heure du (2)

En foi de quoi nous avons dressé, à la suite du rôle d'équipage dudit navire, le présent acte, qui a été signé par (12) et par nous, après leur en avoir donné lecture (13).

A bord, les jour, mois et an que dessus.

---

(8) *Prénoms, noms, âge, grades ou professions ou domiciles (avant leur embarquement) des deux témoins, qui doivent être pris parmi les officiers du navire, ou, à leur défaut, parmi les hommes de l'équipage.*

S'il n'y a qu'un officier qui, d'après son âge, puisse servir de témoin, ajouter, après les prénoms, nom, grade, etc. du témoin pris parmi l'équipage à défaut d'un second officier :

A défaut d'un second officier à bord ayant l'âge requis par la loi.

Ou, s'il n'y a pas d'officier à bord, ou s'il n'y en a pas d'assez âgés :

Témoins pris tous deux parmi les gens de l'équipage, à défaut d'officiers à bord ; ou à défaut d'officiers ayant l'âge requis par la loi.

(9) Masculin ou féminin.

(10) *Prénoms, nom, âge et profession de la mère.*

(11) *Ou de feu (4).*

NOTA. *Si le mari n'est pas mort, ajouter :*

Et empêché de comparaître pour cause de l'empêchement), et domicilié à (7)   arrondissement d   département d

(12) *Si le déclarant ou les témoins (ou l'un d'eux) ne savaient ou ne pouvaient pas signer, on portera :*

Les deux témoins, le déclarant ayant dit ne savoir écrire ni signer, ou ne pouvoir signer, attendu (cause de l'empêchement);

Ou le déclarant et par l'un des témoins, M. second témoin, ayant dit ne savoir écrire ni signer, ou ne pouvoir signer, attendu (cause de l'empêchement);

Ou le déclarant et les deux témoins ayant dit ne savoir écrire et signer, attendu (cause de l'empêchement).

(13) *Voyez l'article 38 du Code civil (page 9).*

Nota. Ce procès-verbal ne peut tenir lieu d'acte de décès, ni servir à dresser d'acte de décès.

[N° 11.]

PROCÈS-VERBAL

à dresser { pendant le cours d'un voyage de mer, dans les ports et rades de France, des colonies ou des pays étrangers,

dans le cas où un individu disparaîtrait du bord, par suite d'un événement quelconque.

---

(1) *En toutes lettres.*
(2) *Matin ou du soir.*
(3) *Endroit, parage ou hauteur où se trouve le navire; s'il est mouillé (ou amarré), indiquer le nom du port, la rade, etc.*

CEJOURD'HUI le　(1)　du mois d　　　　de l'an mil huit cent　(1)
à　(1)　heure de　(2)　, étant à　(3)

(4) *Prénoms et nom.*
(5) *Grade au service.*

Par-devant nous　　　　(4)　　　　(5), capitaine (maître *ou* patron)

(6) *Ou (4, 5) appelé, dans l'ordre du service, à remplacer M. (4) capitaine (maître ou patron), qui est mort, ou (cause de l'empêchement).*

(6)
du port de　　　　tonneaux, appartenant à MM.　　　　　　　　et
armé à

(7) *Prénoms et noms, grades ou profession des personnes (ou de la personne) qui ont donné l'avis de l'événement.*

comparu　(7)
l　quel　nous　déclaré que　　　(4)　.　　(5)
fils de　　　　　　(*ou* de feu) et de　　　　　　(*ou* de feu), âgé
de　(1)　ans, né à　　　　　　, arrondissement d
département d　　　　　　　, domicilié, avant son embarquement,

(8) *Si l'individu disparu demeurait, avant son embarquement, à Paris ou dans une des grandes villes où il existe plusieurs arrondissements municipaux, rappeler, autant que possible, le nom du quartier ou de la rue qu'il habitait.*

à　(8)　　　　　　　　arrondissement d
département d　　　　　　　　, inscrit sur le rôle d'équipage

(9) *Déclaration textuelle des témoins de l'événement, sur ses causes et ses circonstances, et, s'il y a lieu, sur les moyens employés pour secourir l'individu disparu.*
Nota. *S'il est tombé à la mer, relater avec soin si l'événement a eu lieu en vue ou hors de vue de côtes ou de bâtiments ou navires.*

(9)

(10) *Si les témoins (ou l'un d'eux) ne savaient ou ne pouvaient pas signer, on portera :*
L'un des témoins, M.　(4), ayant déclaré ne savoir écrire ou ne pouvoir signer, attendu (*cause de l'empêchement*);
Ou les deux témoins ayant déclaré ne savoir écrire ni signer, *ou* ne pouvoir signer, attendu (*cause de l'empêchement*).
(11) *Voyez l'article 38 du Code civil (page 9).*

Et pour constater l'événement dont il s'agit, nous avons dressé le présent procès-verbal, qui a été signé par (10)
et par nous, après leur en avoir donné lecture (11).

Ledit procès-verbal ne peut tenir lieu d'acte de décès, ni servir à dresser d'acte de décès.

A bord, les jour, mois et an que dessus.

TROISIÈME SECTION.

TESTAMENTS

et Suscription des Enveloppes devant les contenir.

(Modèles n°ˢ 15 et 16.)

[N° 15.]

TESTAMENT PAR ACTE PUBLIC

fait sur mer, dans le cours d'un voyage, et reçu conformément à l'article 988 (livre III, titre II, chapitre V, section II) du Code civil.

Nota. *Dispositions des articles 13, 15 et 16 de la loi du 16 mars 1803 (25 ventôse an XI) sur le notariat, applicables au présent testament.*

Les testaments doivent être écrits en un seul et même contexte, lisiblement, sans abréviations, blanc, lacunes ni intervalles.

Ils contiendront les noms, prénoms, qualités, demeures des parties, ainsi que des témoins.

Ils énonceront *en toutes lettres* les sommes et les dates.

Les renvois et apostilles ne peuvent, sauf l'exception ci-après, être écrits qu'en marge ; ils doivent être signés et parafés, tant par les personnes chargées de recevoir les testaments et de concourir à leur réception que par le testateur et, les témoins ; si la longueur du renvoi exige qu'il soit transporté à la fin de l'acte, ce renvoi devra être non seulement signé et parafé comme les renvois écrits en marge, mais encore être expressément approuvé par les personnes qui viennent d'être désignées, à peine de nullité du renvoi.

Il ne doit y avoir ni surcharge ni interligne dans le corps de l'acte ; les mots à supprimer seront rayés de manière que le nombre puisse en être constaté à la marge de leur page correspondante, ou à la fin de l'acte, et approuvé ainsi qu'il est dit ci-dessus pour les renvois écrits en marge.

CEJOURD'HUI le (1)   du mois d   de l'an mil huit cent   (1),
à (1)   heure   du   (2)   , étant à   (3)
Nous (4)   (5)
capitaine (maître ou patron) d   l
du port de   tonneaux, appartenant à MM.
et armé à   remplissant aussi les fonctions
d'écrivain à bord   (6)

ayant été appelé, de la part d   (4)   (5)   (7)
domicilié, avant son embarquement,   (8)
arrondissement d   département d
et inscrit sur le rôle d'équipage,
Nous sommes transporté (9), conjointement avec M.   (4)
      (5)   (10)

1° Gens de l'équipage et passagers * ;

(1) *En toutes lettres.*
(2) *Matin ou soir.*
(3) *Endroit, parage ou hauteur où se trouve le navire.*
(4) *Prénoms et noms.*
(5) *Grade au service.*
(6) *Ou remplissant à bord d   , du port d   , appartenant à MM.   , et armé à   , les fonctions de capitaine (maître ou patron), par suite (cause de l'empêchement) ou du décès de M.   , titulaire.*

Ou embarqué sur l   etc. et appelé, dans l'ordre du service, à remplacer M.   capitaine (maître ou patron) ; attendu que (prénoms et nom du testateur) est son parent ou son allié au degré prohibé par les lois (indiquer le degré de parenté).

Ou embarqué sur l   l   etc. et appelé, dans l'ordre du service, à remplacer M.   capitaine (maître ou patron), attendu que l'un des parents (ou que plusieurs des parents) dudit capitaine doivent, suivant la déclaration d (prénoms et nom du testateur), être compris dans les dispositions testamentaires qui vont suivre.

Ou embarqué sur l   , et appelé, dans l'ordre du service, le capitaine (maître ou patron) étant mort, ou (cause de l'empêchement) à remplacer M. (4), second (ou le plus élevé en grade) du navire, qui a pris le commandement, pour remplir, en son lieu et place, les fonctions d'officier instrumentaire, attendu que ce dernier ne sait pas écrire, ou n'a pas l'âge requis par la loi.

(7) *Passager ou passagère.*
(8) *Si le testateur avait, avant son embarquement, habité Paris ou l'une des grandes villes où il existe plusieurs rrondissements municipaux, indiquer le nom de la rue et le numéro de la maison que ledit testateur déclarera.*
(9) *Chambre, poste, etc.*
(10) Qui vient après nous dans l'ordre du service;

Ou appelé par nous   à défaut de (4), qui vient après nous, dans l'ordre du service, ce dernier :

Ou ne sachant ni lire ni écrire ;

Ou n'ayant pas l'âge requis par la loi ;

Ou étant notre parent, ou étant parent de (4), qui est le testateur, etc.

---

* Si le testateur est en état de marcher, il doit se présenter à l'officier instrumentaire, et alors celui-ci substituera à cette formule celle ci-après :

Par-devant nous (5)   , capitaine (maître ou patron) d   l
du port de   tonneaux, appartenant à MM.   , et armé à
remplissant aussi les fonctions d'écrivain à bord (6)   , s'est présenté, accompagné de MM. (11)   , qu'il produit comme témoins de cet acte, M. (4, 5, 7), domicilié, avant son embarquement, à (8)   arrondissement d   , département d   , et inscrit sur le rôle d'équipage, lequel nous a paru, ainsi qu'aux personnes susnommées (14), et nous a dit que, pour prévenir l'heure de la mort, il nous requérait, etc. (*Le reste comme à la page suivante.*)

(52)

* Suivre les indications de la note 10, dans le cas où le second, n'ayant pas l'âge voulu par la loi, devrait être remplacé par un autre marin.

Nous (4)   (5)
second du navire, devant remplacer M. (4)   (5)
capitaine (maître *ou* patron), qui est le testateur*, ayant été
appelé, de la part dudit (4), domicilié, avant son embarquement, à (8)   , arrondissement d
département d   , et inscrit sur le rôle d'équipage,

Nous sommes transporté (9)   , conjointement avec
M. (4, 5, 10)
où étaient présents MM. (11)
témoins.

2° Capitaine (maître *ou* patron).

(11) *Prénoms, noms, âge, grades ou professions et domiciles (avant leur embarquement) des deux témoins qui doivent être présents.*

Nota. *Établir ainsi le domicile avant l'embarquement :*
Si c'est un officier ou un passager, le lieu qu'il indiquera ;
Si c'est un marin, le nom du quartier où il est inscrit ;
Si c'est un militaire, le lieu du domicile de sa femme, s'il est marié ; ou celui de ses père et mère, s'il est célibataire.

Nota. Ces témoins ne peuvent être ni les légataires du testateur, à quelque titre qu'ils soient, ni ses parents ou alliés, ni les parents ou alliés de la personne chargée de recevoir le testament, ni de la personne conjointement avec laquelle il doit être reçu, ni enfin les serviteurs des uns et des autres. (Voyez page 20 de l'Instruction.)

(12) *Nom du testateur.*

(13) Dans son lit, cadre ou hamac, ou dans sa cabane, ou dans un fauteuil, sur une chaise, etc.

(14) Sain de corps et d'esprit, ou (s'il est malade ou blessé) quoique malade de corps (ou blessé), sain d'esprit et d'entendement.

(15) *Nom de l'officier instrumentaire.*

(16) *Noms de la personne conjointement avec laquelle le testament est reçu et des deux témoins.*

Nous avons trouvé ledit (12)
(13)   , lequel nous a paru, ainsi qu'aux personnes
susnommées (14)
et nous a dit que, pour prévenir l'heure de la mort, il nous requérait, conformément à l'article 988 (livre III, titre II, chapitre V, section II) du Code civil, de recevoir ses dernières volontés, qu'il nous a dictées mot à mot, et que nous (15)   , nous avons écrites ainsi qu'il suit, en présence desdits sieurs (16)

Icelui a dit de sa propre bouche, après avoir recommandé son âme à Dieu :

Premièrement je (17)

Nota. Il est impossible de faire connaître ici les différentes dispositions qui peuvent être insérées dans les testaments par actes publics, puisqu'elles sont subordonnées à la volonté des testateurs ; cependant, pour éclairer lesdits testateurs à cet égard, on a indiqué ci-après (pages 55 et 56), *mais comme simples renseignements*, les formules de quelques-unes des dispositions principales qui peuvent être faites.

Ainsi qu'il a été dit (page 13 de l'Instruction), la reconnaissance d'un enfant naturel peut être faite par un acte spécial ou par un testament par acte public ; dans ce dernier cas, le testateur doit déclarer à l'officier instrumentaire les nom et prénoms inscrits sur l'acte de naissance de l'enfant qu'il veut reconnaître par son testament, et procurer à cet officier, sur le lieu et la date de la naissance de cet enfant, sur le nom de la mère (*s'il a l'intention de l'indiquer*), les renseignements mentionnés (pages 41 et 42) dans la formule des actes de reconnaissance d'enfants naturels (modèle n° 8).

(17) *Pour concilier, en ce qui concerne les testaments des étrangers qui pourraient être embarqués, l'exécution des règlements qui prescrivent la rédaction des actes en langue française, et celle de l'article 972 du Code civil, l'officier instrumentaire pourra recevoir le testament dans la langue du testateur ; mais alors il en portera la traduction française à mi-marge. (Voyez cet article, note 2, page 90.)*

(18) *Prénoms et nom du testateur.*

(19) *Idem de la personne qui a assisté à la réception du testament.*

(20) *Noms des témoins.*

Tout ce que dessus nous a été dicté par (18)
et lui a été lu et relu à voix distincte, ainsi qu'à (19)
et aux deux témoins susnommés. M. (12)
a déclaré, en présence dudit sieur (19)   et desdits témoins, le bien comprendre et y persévérer.

Et pour que personne ne puisse ignorer que telle est sa volonté, il a signé le présent avec nous et avec M. (19)
et MM. (20)

Si le testateur sait ou peut signer, et si les témoins savent écrire et signer.

mais il nous a déclaré également ne savoir écrire ni signer; ont ensuite signé avec nous, M. (19) et MM. (20)

> Si le testateur ne sait écrire ni signer, et si les témoins savent écrire et signer,

(21) *Énoncer clairement la cause ou les causes de l'empêchement.*

mais il nous a déclaré également ne pouvoir signer, attendu (21)   , et ont signé avec nous, M. (19) et MM. (20)

> S'il ne peut signer *idem.*

(22) *Nom du témoin qui sait écrire et signer.*
(23) **Idem** *qui ne sait écrire et signer.*
(24) **Ne savoir écrire et signer** ou ne pouvoir signer, attendu (*cause de l'empêchement*).

Et, pour que personne ne puisse ignorer que telle est sa volonté, il a signé le présent avec nous et avec M. (19) et M. (22)   , témoin; quant à M. (23)   , second témoin, il nous a déclaré (24)

> Si le testateur peut ou sait signer, mais si l'un des témoins ne sait écrire et signer ou s'il ne peut signer (*aux termes de l'art. 998 du Code civil*, le testament doit être signé au moins par l'un des deux témoins (V. p. 21).

Ainsi fait, en double expédition, lu et passé, à bord, les jour, mois et an que dessus.

Le testateur ayant pris la plume et tenté inutilement de signer, quoiqu'il eût déclaré qu'il le pourrait, ce qui a donné lieu à la mention précédente de sa signature, n'a pu tracer que les caractères imparfaits ci-dessus, ce qui est attesté par nous et les personnes susdénommées; et lecture a été faite de la présente attestation, après laquelle ont signé avec nous, M. (19) et M. (20)

NOTA. L'un des témoins au moins doit pouvoir signer.

> Si, par l'effet de la maladie, un testateur qui a déclaré pouvoir signer ne pouvait ensuite que tracer des caractères imparfaits, alors l'officier instrumentaire ajoutera au bas de cet acte le paragraphe ci-contre.

Et le testateur, qui avait déclaré pouvoir signer, ce qui avait donné lieu à la mention précédente de sa signature, ayant fait de vains efforts pour se lever et signer, est mort sans avoir pu apposer sa signature; et lecture a été faite de la présente observation, après laquelle ont signé, etc. (*comme ci-dessus*).

> Si le testat' meurt au moment où il se disposait à signer, l'officier instrumentaire se conformera à la formule ci-contre

NOTA. Les deux originaux doivent être clos et scellés séparément. (*Voyez* le modèle ci-après, n° 16.)

Voyez, pour les renvois non indiqués en marge, ceux des mêmes numéros du modèle précédent.

[N° 16.]

SUSCRIPTION

de l'Enveloppe qui doit renfermer chacun des originaux d'un Testament par acte public.

NOTA. Les deux originaux du testament, revêtus des formalités et signatures indiquées au modèle n° 15, p. 51, doivent être clos et scellés par l'officier instrumentaire, en présence :

   1° De la personne conjointement avec laquelle le testament a été reçu ;

   2° Du testateur ;

   3° Des témoins.

---

(25) Premier ou second.

(26) *Si le testateur était mort avant l'accomplissement de cette formalité, substituer à ce qui précède le paragraphe suivant :*

M. (12)   , testateur, étant mort avant que nous ayons pu clore et sceller les originaux dudit testament.

Ledit testateur était domicilié, avant son embarquement, à (8), etc.

(27) *Contenant ledit testament, ou servant d'enveloppe audit testament.*

(28) *Couleur de la cire, ou, à défaut, désignation de la matière employée.*

(29) *Empreinte du cachet ou de toute autre marque.*

Si le testateur n'a pas de cachet, faire apposer sa signature sur la fermeture de chaque paquet, et alors porter :

Et le testateur n'ayant pas de cachet, il a apposé sa signature sur la fermeture dudit papier ;

Ou : le testateur n'ayant pas de cachet, et ayant déclaré ne savoir écrire ni signer, ou ne pouvoir signer, attendu (*cause de l'empêchement*), nous, ainsi que les témoins, avons apposé nos signatures sur la fermeture dudit papier ;

Ou : le testateur étant mort comme il est dit ci-dessus, nous, ainsi que les témoins, nous avons apposé nos signatures sur la fermeture dudit papier.

(30) *Si l'un des témoins ne savait ou ne pouvait signer, porter :*

M. (4)   , l'un des témoins, a déclaré ne savoir écrire ni signer, ou ne pouvoir signer, attendu (*cause de l'empêchement*).

---

(25)   original du testament par acte public dressé le (1) du mois d   de l'an mil huit cent (1)   , à bord d l   , du port de   tonneaux, appartenant à MM.   et armé à   , par le soussigné, conjointement avec M. (19)   , et en présence de MM. (20)   , témoins, et ce, sur la réquisition de (4, 5, 7) (26)   , domicilié, avant son embarquement, à (8) arrondissement d   département d et inscrit sur le rôle d'équipage.

Le présent papier (27) est scellé à sa fermeture avec (28)   , et par un cachet portant pour empreinte (29)

   A bord, les jour, mois et an que dessus (30)

NOTA. Ces deux originaux, une fois clos et cachetés, doivent rester entre les mains de l'officier instrumentaire, qui se conformera, pour leur remise à terre, aux articles 991 et 992 du Code civil (*page 21 de l'Instruction*).

Ces formalités remplies, les originaux du testament ne peuvent plus être ouverts à bord ; toutes nouvelles dispositions de la part de celui qui aura fait dresser l'acte devront être l'objet d'un nouveau testament (ou codicile).

Et, dans ce cas, le testateur, assisté de deux témoins, mandera l'officier instrumentaire du navire, ou se présentera à lui, et cet officier exécutera les dispositions ci-dessus, tant pour la réception et la rédaction du nouveau testament (en double expédition) que pour les actes de suscription des enveloppes qui doivent le contenir.

L'officier instrumentaire restera également dépositaire des originaux de ce nouveau testament, et il en fera la remise à terre, ainsi qu'il est prescrit pour le premier.

QUATRIÈME SECTION.

FORMULES

*de quelques dispositions testamentaires qui peuvent être insérées dans les Testaments olographes
ou par acte public, ET QUI SONT INDIQUÉES ICI COMME SIMPLES RENSEIGNEMENTS.*

Je donne et lègue à dame (*prénoms et noms*)
domiciliée à   , rue   , n°   , arrondissement d
département d   ; ma femme, tous les biens, meubles
et immeubles qui m'appartiendront au jour de mon décès, pour en jouir et
disposer par elle en toute propriété et jouissance, l'instituant, à cet effet,
ma légataire universelle.

> 1° Legs universel, s'il n'y a pas d'héritier ayant droit à une réserve.
>
> ---
>
> En toute propriété par un mari à sa femme.

Je donne, etc. (*comme ci-dessus*), ma femme, l'usufruit, pendant sa vie,
de tous les biens, etc. (*comme ci-dessus*), pour en jouir par elle, à compter
dudit jour de mon décès, sans qu'elle soit tenue de former la demande en
délivrance du présent legs ('), l'instituant, à cet effet, ma légataire universelle, en usufruit seulement.

> En usufruit *idem.*

Je donne, etc. (*comme ci-dessus*), ma femme, moitié, en usufruit seulement, de tous les biens, etc. (*comme ci-dessus*), pour en jouir par elle pendant sa vie, à compter du jour de mon décès.

> 2° Legs à titre universel.
> Par un mari à sa femme, de la moitié en usufruit seulement.

Je donne, etc. (*comme ci-dessus*), ma femme, un quart, en usufruit seulement, et un autre quart en toute propriété, de tous les biens, etc.
pour jouir, savoir, pendant sa vie seulement, du premier quart, et jouir et
disposer en toute propriété de l'autre quart; le tout à compter du jour de
mon décès.

NOTA. Ces legs peuvent être faits de la même manière par une femme à son mari.

> *Idem* de la portion disponible, lors-qu'il y a des enfants.

Je donne et lègue :

1° Aux pauvres de la commune d   , arrondissement
d   , département d   , la somme d (*en toutes lettres*), une
fois payée; je veux que cette somme soit remise au maire (*ou au curé de la
paroisse*) de ladite commune, pour en faire la distribution.

2° A (*prénoms, noms*), présent à bord (*ou domicilié à   , rue   ,
arrondissement d   département d   *), mon domestique,
s'il est encore à mon service le jour de mon décès, une somme de (*en toutes
lettres*), une fois payée, *ou* (*somme en toutes lettres*) de rente annuelle *ou*
viagère, exempte de toute retenue, et payable par trimestre, de trois mois en
trois mois, laquelle rente commencera à courir du premier jour du trimestre
dans lequel je serai décédé.

3° A mon parent (*degré de parenté*), une somme de (*en toutes lettres*), à une
fois payée, *ou* un bijou, un meuble, immeuble ou effet quelconque.

4° A (*prénoms, nom et domicile*), mon ami, une somme de (*en toutes
lettres*), une fois payée (*ou un bijou, un meuble, etc.*), que je le prie
d'accepter comme un gage de mon amitié.

5° Par préciput et hors part, à (*prénoms et nom*), mon fils (*ou ma fille*),
ma maison située à   , département d   (*ou tout autre
bien*), consistant   , et tout le mobilier qui s'y trouve, à l'exception des deniers comptants et créances, pour en jouir et disposer par lui (*ou
par elle*) en pleine propriété et jouissance, à compter du jour de mon décès.

> 3° Legs particuliers.

(') *Si l'intention du testateur est de dispenser la femme de fournir caution, on devra ajouter : et de fournir caution.*

1° Je donne et lègue, par préciput et hors part, à (*prénoms*) mon fils aîné, toute la portion des biens dont la loi me permet de disposer.

2° J'institue pour mes héritiers, chacun par égale portion, dans tous mes autres biens, meubles et immeubles, tous ceux de mes enfants qui se trouveront vivants au jour de mon décès; et, dans le cas où l'un de mes enfants ou quelques-uns d'eux seraient décédés avant moi et auraient laissé des enfants en ligne directe qui m'auraient survécu, j'institue lesdits descendants pour la portion qui serait revenue à l'enfant dont ils seront descendus, s'il m'avait survécu.

4° Institution d'héritiers avec legs, par préciput, de la portion disponible au profit de l'aîné des enfants.

————

Je donne et lègue :

1° A (*prénoms, nom et domicile*), mon neveu, la somme de (*en toutes lettres*), s'il épouse demoiselle (*prénoms, nom et domicile*). Cette somme lui sera payée le lendemain de la célébration du mariage.

2° A dame (*prénoms, nom et domicile*), épouse d (*prénoms et nom*), la somme de (*en toutes lettres*), sous la condition que cette somme n'entrera point dans la communauté, mais sera propre à ladite dame.

5° Legs conditionnel.

————

Je nomme pour exécuteur du présent testament M. (*prénoms, nom, qualité* ou *profession et domicile*), que je prie de vouloir bien prendre cette peine;

Et, s'il y a lieu, pour faciliter cette exécution, je lui donne la saisine pendant l'an et jour.

Je le prie d'accepter pour diamant ('), et comme un gage de mon amitié, une somme de (*en toutes lettres*), une fois payée; *ou* ....

Nomination d'un exécuteur testamentaire, avec saisine, s'il y a lieu.

————

Je révoque tous testaments *ou* codiciles que j'ai pu faire avant le présent, auquel seul je m'arrête, comme contenant mes dernières volontés.

Clause de révocation de testaments antérieurs, s'il y a lieu.

————

') Le mot *diamant* est consacré par l'usage; il exprime le legs particulier qui peut être fait à l'exécuteur testamentaire

CINQUIÈME SECTION.

ACTES DE SUSCRIPTION

*de Testaments olographes ou de Papiers trouvés dans les malles, sacs, etc.
d'individus morts à bord, disparus, etc.*

(Modèles n°s 19 et 20.)

[N° 19.]

ACTE DE SUSCRIPTION

*d'un Testament olographe ou de Papiers ouverts et non cachetés,
trouvés dans la malle, le sac, etc. d'un individu mort à bord,
disparu, etc.*

Voyez, pour les renvois non indiqués en marge, ceux des mêmes numéros des modèles n° 15, Testament par acte public (page 51), et n° 16, Acte de suscription (page 54).

(31) Original, ou copie faite par nous soussigné.
(32) La malle, le sac, etc.

(33) Décédé à bord ! par suite d (*cause de la mort*), ou disparu du bord ! (*motif de la disparition*).
(34) S'il y a lieu, servant d'enveloppe.

(31)   d'un testament olographe trouvé ouvert
et non cacheté dans (32)   de
M. (4, 5, 7)   , domicilié avant son embarquement, à (8)   , arrondissement d
département d   (33), inscrit sur le rôle d'équipage.

Le présent papier (34) est scellé à sa fermeture avec (28)
et par un cachet portant pour empreinte (29)

1° S'il s'agit d'un testament olographe.

---

(35) Indiquer la nature de ces papiers.

Le présent papier (34) contient :
1° (35)
2° (35)
trouvé ouvert et non cacheté dans (32)   de
M. (4, 5, 7)   , domicilié, avant son embarquement, à (8)   , arrondissement d
département d   (33), inscrit sur le rôle d'équipage.
Est scellé à sa fermeture avec (28)   etc. (*comme ci-dessus.*)

2° S'il est trouvé des papiers qui, par leur nature ou leur importance, semblent devoir être clos et scellés.

(36) *Prénoms, noms, grades et qualités des personnes qui ont dressé l'inventaire des effets (modèles M et N, pages 31 à 33).*

et ont signé avec nous
MM. (36)

Est scellé à sa fermeture avec (*désignation de la matière employée*), et, à défaut de cachet, les personnes ci-après nommées, ainsi que nous, avons apposé nos signatures sur ladite fermeture.

(S'il n'existe pas de cachet à bord.)

Le présent papier, dont nous nous reconnaissons dépositaire, sera remis fidèlement à terre, par nos soins, aussitôt que faire se pourra.

A bord d   le   du
port de   tonneaux, appartenant à MM.
et armé à   , le (1) du mois d   de l'an mil
huit cent (1), étant à (3)

[Nº 20.]

ACTE DE SUSCRIPTION

d'un Testament olographe ou *de Papiers clos et scellés trouvés dans la malle, le sac, etc. d'un individu mort à bord, disparu, etc.*

Voyez, pour les envois non indiqués en marge, ceux des mêmes numéros des modèles n° 15, Testament par acte public (page 51), et n° 16, Acte de suscription (page 54), et n° 19 (page 59).

(37) Décrire la matière, la couleur et l'empreinte du cachet apposé, ou ce qui peut servir à constater l'état dans lequel le paquet a été trouvé.

Le présent papier (34) a été trouvé clos et scellé (37) dans (32)　　　　　de M. (4, 5, 7)　　　　, domicilié, avant son embarquement, à (8)　　, arrondissement d　　, département d　　(33), et inscrit sur le rôle d'équipage.

La reconnaissance en a été faite par nous soussigné, en présence de MM. (36)　　　　　　　　　, qui ont signé avec nous.

Le présent papier, dont nous nous reconnaissons dépositaire, sera remis fidèlement à terre, par nos soins, aussitôt que faire se pourra.

A bord d　　　　　　　le　　　　　du port de　　　　　tonneaux, appartenant à MM. et armé à　　　　, le (1) du mois d　　　de l'an mil huit cent (1), étant à (3)

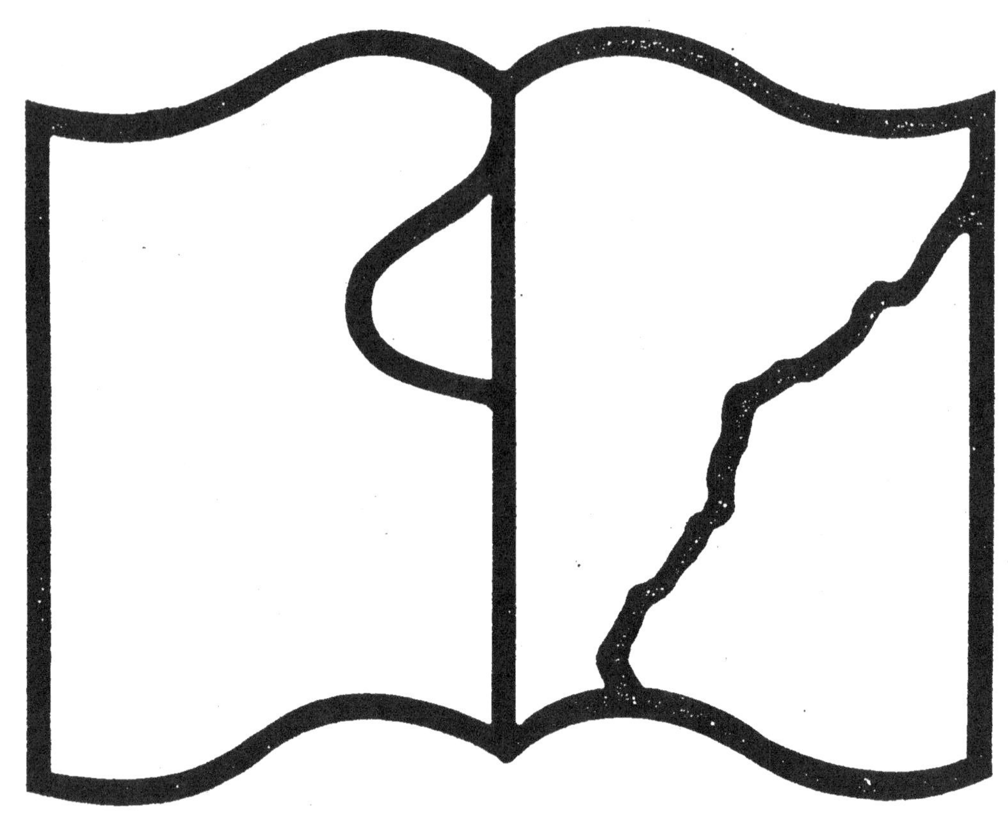

Texte détérioré — reliure défectueuse

NF Z 43-120-11